Zufall oder Zeichen?

W0213777

Werner Hartung

Zufall oder Zeichen?

Wie du Botschaften erkennst, die dir in dein Leben geschickt werden

Synergia

1. Auflage, 2023
Erschienen im Synergia Verlag, Basel, Zürich, Roßdorf
eine Marke der Sentovision GmbH
www.synergia-verlag.ch

Alle Rechte vorbehalten
Copyright 2023 by Synergia Verlag

Umschlaggestaltung,
Gestaltung und Satz: FontFront.com, Roßdorf, Pauline Trumpfheller

Vertrieb durch Synergia Auslieferung GmbH
Industriestr. 20
64380 Roßdorf
www.synergia-auslieferung.de

Printed in EU
ISBN-13: 978-3-907246-85-6

Bibliografische Information der Deutschen Nationalbibliothek
Die Deutsche Nationalbibliothek verzeichnet diese Publikation in der deutschen Nationalbibliografie; detaillierte bibliografische Daten sind im Internet unter http://dnb.ddb.de abrufbar.

Inhaltsverzeichnis

Zur Einführung: Zeichen-Welten

„Wie hast du denn das geschafft?" Ich deute auf Bens rechten großen Zeh, der noch durch den Verband blutet, den seine Mutter ihm eilig um den Fuß gewickelt hatte. „Eben beim Judo", stöhnt der 16-jährige Nachbarsjunge. „Weiß auch nicht warum. Tut ziemlich weh, ist hoffentlich nicht gebrochen. Mama meint, du könntest mal schnell die Hand auflegen …" – „Na, dann hüpf mal rein", grinse ich.

Als die Blutung nachgelassen hat, frage ich Ben, wie denn die angebetete junge Dame heiße. Er schaut verblüfft auf, errötet leicht. „Volltreffer gelandet?", frage ich lachend. Ben nickt. „Sie heißt Mara. Aber ich traue mich nicht, sie anzusprechen. Wie bist du denn darauf gekommen?!"

Ich erkläre Ben, dass der große Zeh astrologisch Mars und Venus zugeordnet werde. Derjenige des rechten Fußes beziehe sich auf das Handeln gegenüber einer anderen Person. Diese Deutung stehe nicht zwingend im Zusammenhang mit einer geschlechtlichen Beziehung. Aber ich hätte gerade den Impuls bekommen, eben danach zu fragen. „Wie lange schiebst du die Liebeserklärung denn schon auf?", bohre ich nach. „Eigentlich fast zwei Monate", murmelt Ben.

Ben bekommt einen Auftrag von mir. Wenn es ihm offenkundig so ernst sei, dann solle er jetzt mal unverzüglich selbst Zeichen setzen, bevor sein Körper ihm noch klarere Botschaften sende. „Wenn ihr euch morgen vor der geplanten Geburtstagsfeier bei eurem Klassenkameraden an der Straßenbahn trefft, dann bring es hinter dich. Auch wenn du noch humpelst. Lass dir was einfallen."

Bens Einfall war sehr kreativ. Er sagte es indirekt, aber endlich gab er die Liebeserklärung ab. Dazu diente ein großer Zauberwürfel, an dem

man herumdrehen musste, um die Farben in Einklang zu bringen. Auf einer Innenfläche klebte ein winziger Zettel: „Ich liebe dich." Die Straßenbahnfahrt verschob sich um fast eine Stunde, und auf der Feier erschien ein frisch verliebtes Pärchen.
Ganz nette Anekdote, magst du denken. Aber wie soll ein 16-Jähriger mit gequetschtem Zeh allein auf diese Deutung seines Missgeschicks kommen? Welchen Sinn sollte das ergeben?
So betrachtet, hast du absolut recht. Wie oft hatte ich selbst als Jugendlicher solche Verletzungen, ohne dass ich mir irgendeinen neunmalklugen Reim darauf machen konnte. Genau darum aber geht es. Wir bekommen täglich Botschaften in unser Leben, keineswegs nur über unseren Körper. Das Problem ist: wir nehmen sie nicht wahr, eben weil wir sie nicht zu deuten wissen. Oder wir sehen keinen sinnvollen Zusammenhang, tun alles als Zufall ab, weil wir einem Zufall gewöhnlich keine Bedeutung beimessen.

Im Unterschied zu sogenannten Zufällen sind Zeichen, wenn wir ihnen entsprechende Beachtung schenken, als Hinweiszeichen, als Anzeichen für mehr oder weniger bedeutsame Vorfälle in unserem Leben oder in ernsteren Fällen auch als Warnzeichen zu verstehen. Bei dem Synonym „Omen" wird das ganze Spektrum abgedeckt: Je nachdem sprechen wir hier von einem guten ebenso wie von einem schlechten Omen. Im letzteren Fall leitet sich davon das Adjektiv ominös im Sinne von „zweifelhaft" oder sogar „unheilvoll" ab. Auch eine der wohl bekanntesten lateinische Redensarten, Nomen est omen mit der wörtlichen Übersetzung „Der Name ist [ein] Vorzeichen", deckt ebenfalls ein breites Spektrum ab: Eine Person oder auch eine Sache kann durch ihre Namensgebung oft durchaus treffend in ihren inneren Eigenschaften gekennzeichnet werden; gleichzeitig kann dies auch auf eine Vorbedeutung hinweisen.

Lass uns das aus der Perspektive eines Absenders von Botschaften betrachten: Solche Zeichensprachen, besser gesagt, diejenigen, die sich ihrer bedienen, nehmen scheinbar keine Rücksicht darauf, ob wir sie verstehen und zu deuten wissen oder nicht. Wenn du dich aber dazu entschließt, diese Sprachen wieder zu erlernen, öffnest du eine Schatztruhe. Das ist leichter, als du befürchtest. Du musst keine Vokabeln pauken, auch keine astrologischen Systeme für dich erschließen, wenn es dich nicht gerade brennend interessiert. Lass dich mit wachen Sinnen einfach auf solche Zeichen ein, die dich täglich umgeben.
Ganz bestimmt wirst du dann dazu in der Lage sein, manch eine Situation in deinem bisherigen Leben im Lichte solcher Botschaften zu betrachten, die du bisher nicht erkannt oder nicht befolgt hast. Das kann dir dabei helfen, solche Hinweise besser zu verarbeiten, vor allem aber künftig wichtige Zeichen-Botschaften rechtzeitig zu erkennen, deine Entschlüsse und dein Handeln zu überdenken, dich umsichtiger zu verhalten und mehr Aufmerksamkeit walten zu lassen, dabei jedoch nicht übervorsichtig und ängstlich zu sein.
Aus dem obigen Beispiel mit Ben – übrigens verändere ich hier alle Namen –wird auch Folgendes deutlich: Zeichen, die wir erhalten, sind stets solche, die auf unser eigenes Verhalten reagieren, auf Zeichen also, die du selbst durch dein Handeln setzt. Du verhältst dich zu jeder Zeit. Es bedarf keines Ausflugs in die Kommunikationswissenschaft, um dir vor Augen zu führen, dass du dich nicht nicht verhalten, nicht nicht kommunizieren kannst. Selbst dann, wenn du meinst, gerade keine Aussage zu treffen, teilst du deinem Umfeld mit, dass du eben nichts sagen magst. Dennoch spricht dein Körper per Mimik und

Gestik. Deine Körperhaltung sendet ebenso Signale, die Resonanzen auslösen. Kurzum: Solange du lebst, kannst du nicht abtauchen und dich totstellen. Du selbst setzt ständig Zeichen, in welcher Sprache auch immer – und das Universum reagiert darauf.
Wenn du in Ruhe darüber nachdenkst, solltest du dir zudem eingestehen, dass du dein Leben selbst wie einen menschlichen Partner betrachtest. Vielleicht nennst du es „Schicksal" oder „Karma". An deine Existenz richtest du Wünsche, stellst oft sogar Bedingungen oder bestimmte Ansprüche. Werden diese erfüllt, lobst du dein Leben. Werden sie nicht erfüllt, haderst du mit deinem Geschick. Was ist dann aber so fremd an dem Gedanken, dass auch dein nicht-menschliches Umfeld auf Impulse reagiert, die von dir ausgehen? Wenn du diesen Gedanken zulassen kannst, dürfte es dir leichter fallen, dir die vielen Zeichen-Welten um dich herum bewusster zu machen.

Mein eigenes Leben und Erleben kann mich beständig etwas lehren. Es gibt grundsätzlich zwei unterschiedliche Ebenen von Zeichen-Welten, in denen wir uns bewegen. Die eine betrifft das, was wir unter Konventionen und Übereinkünften zusammenfassen: die Welt der Regeln, die wir nicht nur im Straßenverkehr, sondern auch im Zusammenleben befolgen sollten. Was für unsere Bewegung von Ort zu Ort sinnvoll scheint, gilt aber nicht unbedingt für Konventionen des Benehmens. Wir können ganz unterschiedlicher Meinung darüber sein, was „normal" ist, was einer wie und von wem auch immer vorgegebenen Norm entspricht. Die vermeintliche Mehrheit kann Zeichen setzen, um ihre Auffassung durchzusetzen. Wer dagegen opponiert, setzt ebenfalls Zeichen, die seinen Dissens damit zum Ausdruck bringen. Regeln wie im Straßenverkehr können wir selbst nicht ändern. Es scheint zumindest sinnvoll, ihnen Folge zu leisten. Über alles

andere lässt sich trefflich streiten, beispielsweise auch über Impfungen. Wer will uns etwas vorschreiben? Und wollen wir das?
Wenn schon so etwas wie ein Verhaltenskodex nur begrenzt auf Übereinstimmung stößt, wie sollte dann überhaupt ein Regelwerk dieser anderen Zeichen-Welt funktionieren, in der wir angeblich Botschaften für unser Verhalten, unsere Entscheidungen erhalten?
Überhaupt: Wer oder was sollte sich anmaßen, Zeichen in unser Leben zu senden? Zumal in Form von Missgeschicken, Unfällen, mit Aktionen, die uns Leid zufügen? Kann man uns nicht grundsätzlich liebevoll begleiten?!
Aber erhalten wir nicht auch besondere Zeichen des Glücks? Wie viele Menschen beispielsweise berichten von einem ganz bestimmten Frösteln, das sie körperlich erfahren, wenn etwas überaus stimmig und schön ist? Ein klares Zeichen also, das Vertrauen vermittelt. Zeichen können unser Verhalten bestätigen und uns Sicherheit vermitteln, es können aber auch Warnzeichen sein.
Fragen wir uns: Wer oder was bestärkt oder warnt uns? Welche Maßstäbe werden hier gesetzt, wer kontrolliert ihre Einhaltung und beschließt gegebenenfalls Sanktionen?
Neben äußeren Zeichen-Botschaften wie Unfällen sind es in erster Linie die Zeichen deines Körpers, die dir Botschaften vermitteln. Unbestritten ist weithin, dass Situationen, die dich bedrücken, Stress auslösen. Der zeigt sich letztlich in körperlichen Symptomen. Ob du liebevoll mit dir selbst umgehst oder nicht (das ist der Maßstab!), zeigt dir in erster Linie dein Körper.
So gesehen ist die Unversehrtheit deines Körpers, die seelische und körperliche Gesundheit, der vielleicht wichtigste Zeichen-Spiegel deines Seins und Befindens. Ich werde später noch darauf zurückkommen.

Vergleichbar Schildern oder Lichtern im Straßenverkehr, so verfügt dein Körper über ein abgestuftes Arsenal von Warnzeichen: zuerst eine Geschwindigkeitsbegrenzung (Ermüdung, fahr mal runter!), dann ein Blinklicht (vielleicht Herzrasen oder Kreislaufprobleme, he, pass auf!), schließlich das Stoppschild. Missachtest du es, wirst du ausgebremst. Das kann sich als Beinbruch oder in Form eines Verkehrsunfalls manifestieren.

Warnzeichen und entsprechende Warnstufen gibt dir keineswegs nur dein Körper. Denn körperliche Unversehrtheit ist nur dann eine Wahl, wenn du ganz andere Zeichen ignorierst, die dir helfend in dein Leben gesendet werden. Den Zugang dazu möchte ich dir eröffnen. Offen gesagt, ich glaube, du hast ihn längst. Eher lautet die Frage: Vertraust du solchen Botschaften?

Hast du den Mut, deine Sinne diesen Sprachen zu öffnen?

Oder tust du bestimmte Erlebnisse als grundlosen Zufall ab und zweifelst an derartigen Behauptungen? Weil du dich als Verstandesmenschen begreifst der rational reagiert und an vermeintlichen gedanklichen Konstrukten zweifelt?

Was aber bedeutet Zufall? Aus gewöhnlicher Perspektive etwas, das du nicht vorausgesehen oder nicht beabsichtigt hast, das dir unerwartet begegnet oder geschieht.

Wie verwendest du selbst Begriffe wie Fügung, Schicksal oder Bestimmung?

Was denkst du zum Beispiel, wenn du 3000 Kilometer von zu Hause entfernt plötzlich einem Nachbarn begegnest?

Oder ein alltäglicheres Beispiel: Du denkst an eine Person – nur eine Minute später ruft sie dich an oder läuft dir über den Weg. Immer

noch Zufall ohne Sinn, vielleicht das Ergebnis einer statistisch errechenbaren Wahrscheinlichkeit?
Könnte es nicht auch eine Un-Wahrscheinlichkeit sein?
Haben Zufälle vielleicht doch eine Bedeutung?
Sind sie am Ende dann nichts anderes als Zeichen?
Zufall oder Zeichen – entscheide für dich selbst. Oder lass es ruhig erst einmal offen.

Für mich steht fest: Wir leben in einer Umgebung voller Zeichen-Sprachen, eben in einer reichhaltigen Zeichen-Welt. Im Sprachgebrauch selbst steht das Wort „Zeichen“ oft in Verbindung mit dem Begriff „Zeit“:

Kennst du die Zeichen der Zeit?
Spürst du, was gerade an der Zeit ist? Nicht unbedingt für die Welt, aber für dich selbst?
Ist die Zeit reif? Noch nicht? Oder wenn ja, wofür, wozu?
Und: Setzt du selbst rechtzeitig Zeichen, um Klarheit zu schaffen?

Die Zeichen der Zeit zu erkennen, ja, überhaupt Zeichen zu erkennen bedeutet, die Lage richtig einzuschätzen, zu wissen oder zu erfühlen und zu ahnen, was (aktuell) zu tun ist oder dem „Zeitgeist“ entsprechend. Oder auch, Gewissheit in irgendeiner Frage, einer Angelegenheit zu erlangen. Also geht es oft um den „richtigen“ Zeitpunkt für etwas in deinem Leben.
Zeichen zu bekommen zeigt oft geradezu eine Erwartungshaltung an die Schöpfung, wenn wir sie, wie schon angemerkt, partnerschaftlich betrachten. Ich habe den Eindruck, dass die Menschen

früher bewusster damit umgegangen sind. In dem 1549 erstmals aufgezeichneten Volkslied „Wie schön blüht uns der Maien" heißt es:

Wollt Gott ich fänd im Garten
drei Rosen auf einem Zweig.
Ich wollte auf sie warten,
ein Zeichen wäre mirs gleich.

Also hoffen wir sogar auf Zeichen, am liebsten natürlich auf solche, deren Bedeutung wir gleich mitbestellen. Machst du es dir einfach und bestellst – dem modischen Rezept folgend – was du begehrst, direkt beim Universum?

Erkennst du dann auch die Zeichen einer eintreffenden Bestellung? Dein Wunsch oder Befehl ist stets nur der Auslöser. Das Universum liefert nicht immer so, wie wir uns das vorstellen.

Nicht alles in deinem Leben vollzieht sich über Bestellungen beim Universum. Vieles – mehr als du denkst – liegt in deiner ureigenen Verantwortung, ist Gegenstand deines Handelns. Hast du immer oder wenigstens manchmal ein Gespür dafür, vielleicht sogar einen klaren Impuls, was du tun solltest? In einer Situation, in der du schnell handeln müsstest oder in einem Zeitraum, der dir eine wichtige Entscheidung für dein weiteres Leben abverlangt? Wer entscheidet in deinem Leben, über dein Leben?

Je länger du darüber nachdenkst, desto mehr Fragezeichen dürften aufsteigen.

Was überhaupt sind „Zeichen"? Wer sollte sie dir schicken, worin bestehen sie? Doch nur ein Sprichwort? Oder eben Zufälle?

Woran erkenne ich denn, was an der Zeit sein soll, wofür die Zeit reif und richtig für mich selbst ist? Für ein berufliches Projekt, eine

Beziehung? Oder eben unzeitig, nicht angezeigt? Und was sollte meine Entscheidung zu tun haben mit einem Zeitgeist, einer bestimmten Zeitqualität?

Wie auch immer du es selbst drehst und wendest, die Sache mit den Zeichen betrifft dein Leben. Was mich da so sicher macht, fragst du? Zeichen, die dir helfen sollen zu erkennen, zu entscheiden oder zu unterscheiden, magst du bemerken und deuten lernen.

Ich lade dich ein zu einer Reise durch die Zeichen-Welten. Lass uns gemeinsam anschauen, was du wahrnimmst oder noch zusätzlich wahrnehmen könntest. Darauf bereitet das nächste Kapitel vor. Bist du bereit? Du kannst einfach weiterlesen oder auch erst einmal dort eintauchen, wo dich ein Themenkreis besonders anspricht.

Kapitel 1 – Wahrnehmungen

Bleiben wir noch ein wenig bei deiner Wahrnehmung.
Ich bin davon überzeugt, dass dir immer wieder Zeichen gesendet werden. In deinem Alltag erhältst du Zeichen von der Außenwelt. Es sind vielfältige Hinweise, zu bestimmten Zeiten sogar solche, die es dir erlauben, einen Blick in die Zukunft zu werfen.
Sehr viele Menschen nehmen das durchaus so wahr, obgleich sie nicht einmal tiefer darüber nachgedacht haben. Das ist ganz unabhängig von Glauben, Weltanschauung, Offenheit für vermeintlich „Übernatürliches“ oder „Übersinnliches“. Die einen finden es spannend und fühlen sich dazu aufgefordert, darüber nachzudenken. Andere wiederum finden es erschreckend und verdrängen es in den Bereich des Aberglaubens.

Wie sieht es damit aus deinem Blickwinkel betrachtet aus?
Bist du offen, bereit und in der Lage dazu, mit „anderen Augen“ zu sehen? Oder ängstigen dich Erscheinungen, die schlechte Botschaften für dich enthalten können und die du als „böse Omen“ siehst`?

Zeichen und mit ihnen verbundene Botschaften erhältst du durch Menschen, die plötzlich in der Bahn neben dir sitzen und vielleicht unversehens ein Thema ansprechen, das dir nahegeht. Du kannst nicht nur durch Worte oder Taten anderer Menschen „getriggert“ werden, sondern beispielsweise auch durch Schilder, durch Münzen, die du findest, Zahlen, die dir gezeigt werden, sehr oft auch durch Tiere, die dir begegnen und sich auffällig verhalten.

Ich könnte hier eine endlose Liste verfassen, denn überall können Botschaften für dich enthalten sein – und dies nicht einmal versteckt. Wichtig ist, solche Botschaften aufzunehmen und wach zu sein für derartige Zeichen. Es geht darum, Lebens- und Entscheidungshilfen empfangen zu können, woher, durch wen und wie auch immer sie zu dir gelangen.

Vielleicht bist du sogar offen für den Gedanken, dass wir Begleiter auf anderen Ebenen der Schöpfung haben, in der Geistigen Welt und auch im Naturreich, die solche Hinweise für uns bereithalten. Wie oft sagen wir, ohne tiefer darüber nachzudenken: „Das (oder dich) hat der Himmel geschickt!“ Aber auch jenseits von intuitiver, medialer Wahrnehmung, über die immer mehr Menschen jeden Alters verfügen, sind solche Zeichen eine reiche Erkenntnisquelle. Sie setzen keinen speziellen Glauben voraus und sind alles andere als Gegenstand missionarischen Eifers, wenn auch zugegebenermaßen oft gewöhnungsbedürftig.

Oft, wenn mir Menschen Begebenheiten erzählen, die sie als auffällig bezeichnen, die sie nicht deuten können oder wollen, die sie für unbedeutend oder zufällig halten, stelle ich ihnen die Frage, was denn noch passieren müsse, damit sie begreifen, warum ihnen etwas Bestimmtes gezeigt wird. In den meisten Fällen geht es dabei um Selbstliebe, verdrängte Herzenswünsche und Entscheidungen an Schwellen ihres Lebensweges.

Leider ist es so, dass unser Kopf allzu gerne eine Art Zensur ausübt. Spreche ich Menschen auf übersehene oder missachtete Signale an, dann heißt es oft: »Nun sagen Sie aber bloß noch, dass das was zu bedeuten hatte?“ Klar, hat es auch – immer! Genauso wie Krankheitssymptome immer eine Botschaft enthalten. Im klassischen Medizinbetrieb bekämpfen wir das Symptom, bis es verschwindet – ohne es zu deuten. Folglich begreifen wir nicht, dass wir damit unseren Körper geradezu zwingen, uns mit noch stärkeren Symptomen deutlich zu machen, was er von unserer aktuellen oder ständigen Lebensweise hält. Viele „beeindruckende“ Krankheitsgeschichten haben darin ihre Ursache.

Bedenke: Auch dein Körper ist „außen“, denn er ist das Instrument des Handelns und Lernens für deine Seele. So betrachtet, ist er dein erster, verlässlichster und daher wichtigster „Seelenspiegel“.

Also solltest du da nicht besser auf die Zeichen in der Außenwelt achten, auch auf die „Zicken“ deines Körpers?

Ich gebe dir Beispiele aus ganz unterschiedlichen Bereichen, die dich sensibilisieren und überzeugen mögen, Zeichen zu erkennen und zu achten, die dir in dein Leben gesendet werden. Dabei spare ich nicht an Schilderungen des Umgangs mit Zeichen in meinem eigenen Leben. Denn obgleich ich vielen Menschen erzähle, dass unser Umfeld stets eine Projektionsleinwand für uns ist, die uns zeigt, dass wir entweder auf „unserem“ Weg sind oder uns anschicken, den Weg unseres Herzens zu verlassen, so habe auch ich meine wahrhaft leidvollen Erfahrungen mit den von außen kommenden Zeichen sammeln dürfen. Ich habe sie oft genug ignoriert – ja, selbst dann, wenn ich sie durchaus verstanden hatte. Denn das Erkennen und Deuten eines Zeichens ist noch keineswegs gleichbedeutend mit der Konsequenz, die wir daraus ziehen, um unseren Gedanken und Worten auch Taten folgen zu lassen.

Zeichen stehen in einem ganz unmittelbaren Zusammenhang mit deinem Verhalten, deinen Handlungen. Auch Nicht-Handeln ist eine Form des Handelns. Missachtest du ein Verkehrszeichen und nimmst jemandem die Vorfahrt, kann das heftige Folgen haben für Leib und Seele. Doch während dir Verkehrszeichen in „Fleisch und

Blut“ übergegangen sein sollten, war das Instrumentarium aller dir sonst begegnenden Hilfs- und Warnzeichen vermutlich niemals Gegenstand irgendwelcher Unterrichtsstunden. Nicht für das Leben lernen wir, sondern leider noch immer für die Schule und mehr oder minder sinnreiche Prüfungen. Uns aber prüft das Leben selbst, oder?

Wenn Zeichen für dich persönlich Bedeutung haben, kannst du daraus schließen, dass sie sich auf deine Wahrheit beziehen. Was aber ist wahr? Was ist wirklich?

Halt einmal inne und mach dir bewusst, wie oft du vielleicht ergebnislos grübelst oder Absichtserklärungen formulierst, ohne dem eine Handlung folgen zu lassen, ohne Gedanken und Worten eine Gestalt, eine Form zu geben. Über die Qualität unseres Handelns lässt sich auch wieder streiten. Da unterscheiden wir feinsinnig zwischen Taten und Un-Taten, meinen mit letzteren eher diejenigen, die unter die Rubrik böser Omen fallen.

Zeichen haben wesentlich mit Sinnhaftigkeit zu tun. Das gilt selbst dann, wenn du einiges unsinnig findest, so beispielsweise Zeichen, die wir Menschen „medial“ wahrnehmen (für-wahr-nehmen) können. Verschließ dich nicht denjenigen Wahrnehmungsebenen, die dir selbst nicht oder noch nicht geläufig sind. Denn nichts ist außer-sinnlich oder über-sinnlich. Tatsache ist, dass wir Menschen mit unseren Sinnen sehr unterschiedlich wahrnehmen. Eine Sinngebung erfolgt eben über deine Sinne und dadurch, wie du deine Wahrnehmung bewertest.

Wahrheit ist also das Ergebnis von sinnlichem Erleben und deshalb immer deine Wahrheit. Du kannst dich darüber mit anderen Menschen austauschen, doch stehe zu deiner Wahrnehmung und lass anderen die ihre. So gesehen ist nichts unsinnig, das Gegenteil anzunehmen aber ist widersinnig – gegen die Erfahrung unserer Sinne.

Dein Alltagsbewusstsein ist gegenwärtig, auf den Moment deines Seins gerichtet. Unabhängig davon, was dich sonst bewegt oder woran du denkst, handelst und reagierst du stets im Hier und Jetzt. Auch das, was du wahrnimmst, also für wahr nimmst und hältst, ist im Ergebnis ein Produkt des jeweiligen Moments. Doch es gibt, vereinfacht dargestellt, zwei Ebenen, die dein Handeln mitbestimmen können:
Die eine könntest du als Über-Bewusstsein bezeichnen. Dieses beinhaltet alle Ebenen, die dir Impulse senden können, Signale, die dich in einer Situation oder beim Nachdenken eher plötzlich beeinflussen. Die andere Ebene ist dir als Unter-Bewusstsein vielleicht schon etwas geläufiger. Muster, Erlebnisse, andere Prägungen oder kognitives Wissen, das du „abgespeichert" hast wie auf einem Datenträger. Dabei handelt es sich um Informationen, die aber in bestimmten Momenten wieder auf deine Wahrnehmung und Betrachtungsweise einwirken, die verfügbar sind, wenn du sie benötigst.

Deinem Unterbewusstsein kommt im Spiel der Kräfte eine erhebliche Rolle zu. Um dir das zu verdeutlichen, greife ich einmal vor und schildere dir ein recht verbreitetes Phänomen. Sehr viele Menschen schauen wie gebannt auf die Zahlen bei Autokennzeichen. Plötzlich nehmen sie immer öfter drei- oder vierstellige Kombinationen identischer Zahlen wahr, etwa 555 oder 2222. Es ist nun nicht die Außenwelt, also welche Ebene des Überbewusstseins auch immer, die diese Wahrnehmung auslöst. Deine Reaktion auf ein solches Phänomen ist eine Folge deiner Aufmerksamkeit, die du willentlich darauf lenkst. Findest du diese Zahlenkombinationen wichtig – aus welchem Grund auch immer –, dann speichert dein Unterbewusstsein dieses Aufmerksamkeitsmuster ab und sorgt dafür, dass sich die Begegnungen mit derartigen Nummernschildern häufen. Was entsteht, ist am besten als

Resonanz zu beschreiben. In diesem Resonanzfeld bewegst du dich fortan. Es kann sein, dass dich diese Nummern in etwas bestärken oder ein Wohlgefühl auslösen. Viele deuten sie als Zeichen des Wohlwollens der Engel und verschlingen zu diesem Phänomen ganze Bücher. Andere Menschen fragen sich, was das denn bedeuten solle, und fühlen sich irgendwann eher beunruhigt oder sogar panisch dadurch. Wesentlich ist zu begreifen, dass es an dir selbst liegt, welchen Phänomenen du deine Aufmerksamkeit schenkst und welche Bedeutung du ihnen beimisst. Es kann sich um geradezu lapidare Dinge handeln. Zum Beispiel: Deine Armbanduhr bleibt stehen; dir ist klar, dass du eine neue Batterie benötigst. Da das gerade nicht vorrangig ist, legst du die Uhr erst einmal ab. Ein Uhrengeschäft, das eine neue Batterie einsetzen könnte, kommt dir in diesem Moment auch nicht ins Bewusstsein. Als du aber einen Tag später einen Einkaufsbummel unternimmst, „begegnen" dir plötzlich mehrere Uhrengeschäfte. Dies ist ein klassisches Beispiel für die alltägliche Funktion des Unterbewusstseins.

Mach dir bewusst, dass es deine Gedanken und Gefühle sind, die den Umgang mit Erscheinungen in deinem Umfeld prägen. Dies umfasst den Speicher deines Unterbewusstseins, es bestimmt den Platz, den du Impulsen des Überbewusstseins einräumen kannst und magst. Somit beeinflusst es auch deine Bereitschaft, den ebenso kritischen wie zweifelnden, dich scheinbar stets schützenden Verstand durch die intuitiven Impulse zu ergänzen, zu denen unsere rechte Hirnhälfte uns befähigt. Dieses Potenzial schöpfen viele von uns nicht aus, da wir der Ratio, der grübelnden Instanz in uns, aus verbreiteter Gewohnheit den Vorrang einräumen.

Wenn ich darüber rede, kommt schnell die Gegenfrage: „Ja, aber wie mache ich das denn? Wie soll ich denn mein Denken abschalten?"

Kennst du die sinnreiche Redewendung: „mit Herz und Verstand"? Wieder so ein Beispiel unseres Sprachreichtums. Hier geht es um das zentrale Problem unserer Wahrnehmung und unserer Alltagsentscheidungen überhaupt.

Fragen an dich:
Wie steht es um meine Wahrnehmung?
Folge ich eher dem Herzen oder dem Verstand in meinen Entscheidungen?
In welchem Verhältnis stehen meine Gefühle, meine Herzenswünsche zum analytisch-grübelnden Arsenal meines Verstandes?
Wer gibt den Ausschlag?
Kann ich mein Herz überhaupt öffnen, seine Sprache und seine Botschaften empfangen?
Oder habe ich einen schützenden Panzer darüber gelegt?

Gerade hinsichtlich der Wahrnehmung und Bewertung von Zeichen gestehe dir zu, dass es dein Recht ist, aber somit auch deine Verantwortung zu wählen, was du wie wahrnehmen magst. Zeichen, so haben wir eben gelernt, sind das Ergebnis eines Resonanzfeldes, gespeist durch deine Bedeutungszuweisungen im Bewusstsein. Du allein hast die Macht, mit deinem Willen deine Gedanken und Gefühle zu beherrschen. Das ist jederzeit der Fall, auch wenn du dich gerade als Spielball dunkler Mächte und des Willens anderer Menschen fühlen solltest. Auch Machtlosigkeit ist das Ergebnis deines bewussten oder unbewussten Entschlusses, das Heft des Handelns aus der Hand zu geben. Du kannst wählen, ob du den Fokus auf Zeichen richtest, die du als bedrohlich empfindest, oder auf solche, die sich gut für dich anfühlen und dein Herz hüpfen lassen. Dein Geburtsrecht, deinen Weg mitzubestimmen, oder dich von verängstigenden Emotionen leiten

zu lassen, darfst du wahrnehmen. Das liegt ausschließlich in deiner eigenen Verantwortung. Also suche die Schuld nicht in der Außenwelt, vorzugsweise bei anderen Menschen.
Handelst du eher „unbeherzt“, entstehen daraus zwei weitere, oft miteinander verwobene Probleme bei deiner Wahrnehmung. Sie liegen in dem, was wir „Erdung“ nennen, und darin, ob du bereit bist, dich selbst zum wichtigsten Menschen in deinem Leben zu bestimmen.

Vor Jahren kam eine junge Frau zusammen mit ihrem Freund in meine Praxis. Kaum war sie im Behandlungsraum, stellte sie das Foto eines Mannes auf die Fensterbank und setzte sich provokativ um sich blickend hin. „Wer ist das?“, fragte ich. „Mein Guru, der...“ – „Nimm das Bild weg und pack es ein, hier gibt es keine Gurus“, unterbrach ich sie. „Ich bin auch keiner. Warum bist du hier, wenn das Foto und der Guru selbst dir offenkundig nicht helfen? Was hindert dich daran, selbst zu fühlen und zu entscheiden?“
Sie brach in Tränen aus und klagte herzzerreißend darüber, dass sich in ihrem Leben keine – so nannte sie es – spirituelle Befriedigung einstelle. Ihr Freund, der sie begleitete, verdrehte zunehmend die Augen während ihres Berichts. „Wir meditieren doch aber fast den ganzen Tag ...“, stieß sie schließlich verzweifelt hervor.
„Habt Ihr einen Garten?“, fragte ich sie. „Oh ja“, antwortete sie, „der ist leider völlig verwahrlost.“ Das überraschte mich nicht wirklich. Ich gab beiden den Rat, mit der jetzigen Form des Meditierens erst einmal aufzuhören, dafür jedoch den Garten umzugraben und zu gestalten. „Nehmt Gartenarbeit als Meditation wahr, nicht als neue Last in eurem Leben“, fügte ich hinzu. Ihr Freund lächelte, sie aber verließ mich recht verwirrt. Nach einigen Wochen erreichte mich eine knappe E-Mail mit den Worten: „Danke, der Garten tut so gut. Ich bin jetzt mein eigener Guru.“

Spiritualität, Herzöffnung oder was auch immer – es ist eine ganzheitliche Aufgabe. Es geht in deinem Leben weder darum, vor allem nach dem Himmel zu streben, noch darum, sich immer nur zu erden. Mach dir bei allem, was ich jetzt schreibe, und allem, was auch immer du selbst tust, klar, dass sich dein Leben im Spannungsfeld zwischen Himmel und Erde abspielt. Unter einer derartigen Spannung muss nichts zerreißen. Spannung ist vielmehr die Ursache, die Bedingung von Kraft. Himmel und Erde begegnen sich in deinem Herzen, deinem wahrhaften Kraftzentrum, deiner Quelle, aus der heraus du dein Leben gestalten solltest.

Von wem und wozu du Zeichen bekommst

Ja, das ist vielleicht die spannendste Frage von allen. Wer schickt dir Zeichen, wer ist da im Spiel? Ist das alles „sauber" oder handelt es sich um eigene Wahnideen, um Manipulationen?
Zeichen, die dir geschickt werden, sind Lebenshilfen. Lass den Gedanken zu, dass du nicht allein bist auf deinem Weg, mit deinen Erlebnissen und Erfahrungen. Andere Menschen beispielsweise begegnen dir selten grundlos. Der Umstand, dass sie dir begegnen, ist bereits alles andere als ein unerklärlicher Zufall. Auch gerätst du niemals grundlos in bestimmte Situationen.
Kennst du das: Du denkst, vielleicht auch nur flüchtig, an eine bestimmte Freundin. Im selben Moment ruft sie dich an, nachdem sie sich vielleicht jahrelang nicht mehr gemeldet hat. Oder sie läuft dir kurze Zeit später über den Weg. Zufall? wirst du dich wieder fragen. Eine der englischen oder französischen Übersetzung von Zufall lautet *coincidence*. Im Deutschen machen wir daraus ein Fremdwort,

abgeleitet von lat. *con* (= gemeinsam) und *incidere* (vorfallen). Dabei geht es um das zeitliche oder räumliche Zusammenfallen von Ereignissen oder Zusammentreffen von Personen, um den Zufall also. Entweder finden wir dafür einen tatsächlichen Zusammenhang (kausal) oder es handelt sich um einen Trugschluss (Scheinkausalität). Aber wer bildet sich ein, das immer verlässlich beurteilen zu können? Und vor allem: Ist die Erklärung tatsächlich immer wichtig?

Wenn etwas kausal nicht abzuleiten ist, ist es damit zwingend sinnlos? Ist die Erklärung der Ursache Voraussetzung einer Sinnzuweisung? Nein, denn so „ticken" wir Menschen nicht. Ob kausal oder scheinkausal: Wie der Begriff „Zufall" schon suggeriert, ist dieser etwas, das mir zu-fällt.

Zeichen und unerklärbare Dinge sind immer irgendwie *koinzident*, also zusammentreffend. Sie stehen in Resonanz mit dem, was sich in dir gerade abspielt: in Resonanz mit deinen Gedanken, deinem Verhalten, deinem Sein und Tun. Sie bestärken dich in dem, was du tust, wenn du deinem Herzen folgst, sie mahnen dich, wenn du den Weg verlässt, deine „Bestimmung" oder „Berufung" nicht im Auge hast. Was aber meint das?

Ist denn alles vorherbestimmt? könntest du an dieser Stelle fragen. Ist das nicht eher auch Zufall? Oder alles Schicksal oder meinetwegen Karma? Kann ich dem nicht entrinnen? Nichts selbst entscheiden? Wie steht es überhaupt um meine Freiheit?

Aber halt, etwas komplizierter verhält es sich schon mit unserem Sein hier im Erdenleben. Es ist jedoch nicht so kompliziert, als dass es unbegreiflich wäre. Die Tatsache allein, dass es Zeichen gibt, die dir Hilfestellung geben, macht schon deutlich, dass du Entscheidungsfreiheit hast.

Andererseits bist auch du nicht als unbeschriebenes Blatt geboren. Falls du dich damit noch nicht auseinandersetzen konntest oder mochtest, versuche zu akzeptieren, dass du nicht nur dieses eine, einzige Leben lebst, sondern dass du vermutlich schon Hunderte Leben hinter dir und vielleicht noch einige vor dir hast. Allein das schon ist für viele Menschen eine Herausforderung, zulassen zu sollen, dass die Geburt nicht der Anfang und der Tod nicht das Ende der Existenz unserer Seele ist. Wir unterbinden schon allein, an diese Möglichkeit nur zu denken, oft mit Zutun derer, die für sich in Anspruch nehmen, uns über eine Religion im spirituellen Sein bestärken zu wollen. Die christlichen Lehren haben schon aus den offiziellen Schriften weitgehend alles verdrängt, was auf Wiedergeburt hinweisen könnte. Gäbe es aber nichts nach dem Tod, welchen Sinn ergeben dann Vorstellungen von Himmel und Hölle? In anderen Lehren wiederum gibt es problematische Theorien von Karma, in denen wir zu Stein werden, wenn wir uns danebenbenehmen. Lassen wir das hier beiseite. Auch das ist Gegenstand deiner ureigenen Wahrheitsfindung.

Aber lass uns mal annehmen, es gebe die Wiedergeburt, eine „Seelenwanderung". Dann hast du in vielen Leben Freude gehabt und Gutes bewirkt, aber vermutlich auch Schlimmes erfahren und selbst geschaffen. Du warst und bist kein Engel, sondern ein Mensch. So trägst du auch Verantwortung für frühere Leben – ganz gleich, ob dich dieser Gedanke nun entrüstet, du ihn von dir weist oder nicht. Die Bilanz deines Seins aus vielen Leben ist das, was wir als „Karma" bezeichnen können. Wenn du so willst, der aktuelle „buchhalterische Saldo" deines Benehmens auf Erden.

Das Leben, das du jetzt lebst, hast du in der Pause zwischen der letzten und der jetzigen Inkarnation in der Geistigen Welt geplant – soweit das eben planbar ist, denn mit dem Moment der Geburt ist dir bewusst das Recht auf freie Entscheidung zurückgegeben. So gesehen bist du immer auch auf Bewährung hier, folglich auf eigenes Risiko. Andersherum betrachtet: Wie willst du etwas lernen, wenn du um den möglichen Weg zum Ziel schon weißt? Oder ihn zu kennen behauptest? Dich darauf fixierst und erblindest in der Wahrnehmung des Alltäglichen? Dann ist nicht der Weg das Ziel, wie so oft behauptet wird, sondern das (vermeintliche) Ziel steht dir im Weg.

Dort, „da oben“ oder im Himmel, auf der anderen Ebene, im Jenseits – wie auch immer du das begreifen magst – hast du Helferinnen und Helfer. Dabei handelt es sich um Energien mit hohem Bewusstsein, die wir zum Beispiel Erzengel, Aufgestiegene Meisterinnen und Meister, Geistführerinnen und Geistführer nennen. Du selbst sprichst vielleicht gerne von Schutzengeln. Es führt zu weit, das an dieser Stelle alles zu erklären, im Kapitel „Zwischen Engeln und Elfen“ gehe ich ein wenig mehr darauf ein.

Halten wir einfach fest: Diese „himmlischen“ Wesenheiten begleiten dich auf dem verabredeten Weg, den du dir vorgenommen hast. Dieser betrifft deine ganz persönliche Entwicklung ebenso wie die Aufgaben, die du dir gegenüber der menschlichen Gemeinschaft oder der Erde und ihren Wesenheiten stellst. Auch die Erde hat eine Seele namens Gaia. Sie selbst und ihre Wesen begleiten dich ebenso.

Vielleicht erleichtert es dir die Akzeptanz dieser Ebenen und Wesenheiten, wenn du dir vorstellst, dass du geradezu liebevoll umschlossen bist von einem dichten Netzwerk von Helferinnen und Helfern. Es ist, als sei die Schöpfung, alles um dich herum, eine Inszenierung, ein Theaterstück nur für dich. Mach dir bewusst, du spielst die Hauptrolle und führst zugleich Regie.

Zeichen und Wunder – deine Erwartungen

Vielleicht kennst du die Vorlage für diese sprichwörtliche Redewendung aus der Bibel. Da kündigt Gott Zeichen und Wunder an, um den Pharao zu bewegen, die israelitischen Sklaven freizulassen. Laut dem Johannes-Evangelium (4,48) bemängelt Jesus die Wundersucht seiner Zeit: *„Wenn Ihr nicht Zeichen und Wunder seht, glaubt ihr nicht.“* Anstatt diese Botschaft weise zu verarbeiten, haben wir daraus – wie so oft – ein Sprichwort gemacht, das wir verwenden, wenn wir von etwas unerwartet positiv überrascht sind: „Es geschehen noch Zeichen und Wunder.“ Zuweilen ist es klug und weise, dass wir uns die Begriffe selbst und ihre Geschichte einmal ansehen.

Zeichen stehen für etwas, deuten auf etwas hin, sie be-zeichnen. Ob Worte, Symbole, Gebärden, Schriften – was auch immer: Zeichen müssen verstanden, entschlüsselt werden können. Sprachgeschichtlich wird der Begriff Zeichen angeblich abgleitet vom Indogermanisch *dei*, das für hell glänzen, schimmern und scheinen steht. Im Althochdeutschen steht das Wort *zeihhan* für Wunder. So betrachtet sind Zeichen unübersehbar, und so geschehen, wie es im Sprichwort heißt, „Zeichen und Wunder“. Erkennbar ist begriffsgeschichtlich die Spannweite zwischen Auffälligem, das wir mit hellem Glanz verbinden könnten, und dem Wundervollen, das doch eher für Unerwartetes, Überraschendes steht. Zeichen fallen auf, und hinter ihnen mögen sich vielleicht Wunder verbergen. Mit Zeichen, die dir als Hilfen ins Leben geschickt werden, verhält es sich sehr unterschiedlich. Manche sind unübersehbar – sofern du hinsiehst und dich öffnen willst. Andere sind spürbar, wie zum Beispiel Schmerzen. Aber schon da beginnt das Grundproblem: Verstehst du die Botschaft des Schmerzes, des Symptoms?

Ich hoffe, mir gelingt es, dir Zugänge zum Phänomen der Zeichen zu verschaffen, die dir dabei helfen können, dich im Leben zu orientieren und Unterstützung annehmen zu können. Hab keine Angst vor Überraschungen und davor, dass du dich in Wahnideen verfangen könntest, wenn du dich auf diese bisher vielleicht ungewohnten Ebenen begibst. Vergiss bei allem nicht das Wichtigste: Du bist hier, in dieser Welt, zu dieser Zeit, um selbst Zeichen zu setzen und Wunder zu vollbringen.

Zeichen fördern deine Selbstentfaltung

Zugegeben, beim Lesen mancher Kapitel könnte dich der Verdacht beschleichen, Zeichen-Botschaften gäbe es nur, wenn Gefahr für uns unmittelbar im Verzug sei, als müssten wir immer und allüberall in Alarmbereitschaft sein, ja nichts zu übersehen. Es geht aber keineswegs darum, dich zu drängen, das Leben in steter Anspannung zu verbringen oder Beziehungen jedweder Art stets mit einem Anfangsverdacht auf Betrug und Missbrauch zu beginnen.
Zeichen können auch Ängste auslösen, die vor allem damit zu tun haben, dass du Zweifel hegst an der Freiheit deines eigenen Willens.

Fragen für dich:
Befürchte ich trotz allem, die Botschaft von Zeichen könnte dazu dienen, mich zu binden oder auf Zwänge aufmerksam zu machen?
Fühle ich mich mit der Wahrnehmung von Zeichen-Botschaften frei in meinem Handeln?
Fühle ich moralische Verantwortung, vielleicht auch direkte Zwänge, die mit meinen Herzenswünschen in Konflikt stehen?
Wie reagiere ich auf schwierige Beziehungen und Begegnungen?

Viele unserer Abneigungen beruhen auf verzerrter Wahrnehmung, Vorurteilen oder sozial geprägten Denkmustern. Zutreffend ist aber auch, dass du eine Geschichte mit dir in dieses Leben getragen hast: die Geschichte deiner Seele mit all ihren oft Jahrtausende währenden Erfahrungen. Du hast dir hier Lernaufgaben gesetzt, die daraus hervorgegangen sind.

Ziel unseres Seins zwischen Himmel und Erde ist es, Ballast abzuwerfen, leicht zu werden, in Liebe zu sein und zu gestalten.
Eine Utopie oder blühende Fantasie? Wenn du das glaubst, dann wird es für dich so sein und auch so bleiben. Ob du Zeichen wahrnimmst, die auf anderes in deinen Leben verweisen, dich zu Herzens-Entscheidungen bewegen wollen, ist eine Frage deiner Offenheit, deiner Glaubenssätze, die dein Sein prägen. Emotionale und mentale Blindheit hat verhindert, dass du Zeichen wahrnimmst und deutest. Oder du wischst sie mit dem beliebten „Ja, aber..." vom Tisch, da du nur Zugzwänge siehst und dich von vermeintlicher Vernunft leiten lässt. Dann ziehst du dich in deinen Kopf zurück und damit aus den spannendsten Erfahrungen deines Lebens.
Kultivierst du deine Ignoranz für Zeichen, dann bleibt der Schöpfung immer noch eine Ebene, die du spüren, aber vielleicht selbst dann nicht wahrnehmen wirst – dein Körper! Mach dir erneut klar: Es gibt keine Krankheit, keinen Unfall ohne Grund. Unser Medizinbetrieb trägt dazu bei, das Signal, Symptom genannt, zu verdrängen, eben nicht als Zeichen zu erkennen und zu verstehen.
Deine Begleiterinnen und Begleiter können verschiedene Register ziehen, wenn du unaufmerksam bist. Achtest du nicht auf dein Herz, auf die Botschaft von Menschen, Ereignissen, Tieren, vielleicht auch von Naturwesen oder Engeln (wenn du sie sehen oder hören kannst),

dann ist dein Körper an der Reihe. Auch der bietet bekanntlich Eskalationsstufen. Übermüdung, Übelkeit, Hautausschläge, Herzstolpern, Ohnmacht, Organprobleme anderer Art – Gelbe Karte. Rot-Gelbe Karte – Krebs. Oder Unfälle, die du mit körperlichen Folgen erlebst. Bestenfalls bremsen sie dich nur aus.

Du selbst bist Energie, Seelenenergie, die sich für dieses Leben einen Körper gewählt hat. Du bist nicht dein Körper, die Erde schenkt ihn dir. Du wohnst und lernst in und mit deinem Körper. Somit gibt auch er dir unzählige Zeichen.

Umgekehrt betrachtet: Bist du in deiner Mitte, auf deinem Weg, benötigst du keine Warnungen und wirst sie auch nicht erhalten. Menschen oder Tiere um dich herum reagieren harmonisch, Ereignisse fühlen sich richtig an. Schlingerst du auf deinem Kurs, gibt es Leitplanken. Sie sind wie Gehhilfen, die dir deine Seele schickt, und dienen deiner Sicherheit.

Kapitel 2 – Schwellen im Leben

Lass uns mit Zeichen-Botschaften beginnen, die du in schwierigen, dich in vieler Hinsicht fordernden Abschnitten im Leben erhalten kannst. Bei den schwierigsten Themen geht es zumeist um zwischenmenschliche Beziehungen, Partnerschaften, um die Frage, wie und wo du wohnen möchtest oder um berufliche Entscheidungen. Nicht selten stehen zwei dieser Themenfelder oder sogar alle in einem Zusammenhang, etwa bei Trennungen oder beruflich erforderlicher Flexibilität.
Stehen bei dir derartige Entscheidungen an?
Wenn ja: Triffst du sie entschlossen? Oder neigst du dazu, Entschlüsse für Veränderungen in deinem Leben zu verdrängen, ihnen auszuweichen?
Wartest du oft unentschlossen ab, bis »zwingende Umstände« oder Entscheidungen anderer Menschen dir letztlich keine Wahl mehr lassen?
Wenn die Zeichen sprichwörtlich auf Veränderung stehen, dann hängt es ganz besonders von deinen Neigungen und Mustern im Umgang mit dem Wandel und mit Entscheidungen ab, ob du überhaupt Zeichen wahrnimmst und deuten magst oder ob du dich gegen solche Botschaften sträubst, die doch geschickt werden, um dir dabei behilflich zu sein, dich zu ermutigen, irgendwann aber auch, um dich zu warnen. Denn in solchen Prozessen gibt es Schwellen: Zeitpunkte, wo die Bedingungen sich so entwickeln, dass deine praktischen Schritte nicht mehr nur reif sind, sondern überfällig. Die Zeit der Entscheidung ist gekommen, nun ist Schluss mit Zagen und Zögern.
Schwellen in deinem Leben sind wie Stoppschilder an Wegkreuzungen, die dich zwingen, wenigstens kurz innezuhalten, nachzudenken und

zu fühlen, wohin die Weiterfahrt gehen soll, oder ob du besser anhältst und umkehrst. Manche Menschen benötigen nur Sekunden, um ihrem Impuls, ihrer Intuition zu folgen, andere vollziehen eine Vollbremsung und sind unfähig, sich festzulegen. Verhältst du dich so, provozierst du – dem Straßenverkehr vergleichbar – einen Stau mit allen denkbaren Folgen, wie Gehupe hinter dir und von den Seiten, Drängeln anderer Beteiligter und Betroffener, Aufregung, die es eher noch erschwert, dass du zu einem Entschluss kommst. Trotzdem bremst du nicht selbst, sondern du wirst gebremst – mit Glück durch eine Panne, wenn es härter kommt, durch einen Unfall.

Wie oft haben wir Schwellenangst: Angst davor, den Schritt in die Freiheit oder eine andere Wirklichkeit zu tun, weil es dann kein Zurück mehr gibt. Warum sprechen wir nicht positiv zugewandt von Schwellenmut, den wir bei aller sinnvollen Umsicht viel öfter im Leben benötigten!

Natürlich könntest du auch flüchten. Das lässt sich mit einem Autofahrer vergleichen, der entweder panisch und unreflektiert Unfallflucht begeht oder aber plötzlich von Angst und Zweifeln getrieben umkehrt und sein Renngefährt in der Garage verschließt. Sowohl kopfloses Rasen als auch der Kopf im Sand sind Fluchten, das Ausblenden der Botschaften des Herzens zumal.

Schwellen erfordern Entscheidungen, ob und wie du sie überschreitest, mit welcher Absicht und welchem Ziel. Das ist keineswegs immer einfach. Du hast abzuwägen und zugleich die Wahl, ob du vermeintlichen Zwängen der „Vernunft“ folgst, die oft von Selbstzweifeln und Ängsten genährt wird, oder ob du den Impulsen deines Herzens Raum gibst.

Spürst du, was für dich ansteht, was in dir wächst?

Was sehnlichst darauf wartet, sich in deinem Sein zu entfalten?

Zeichen können dir auch in solchen Situationen helfen, genau dies zu erkennen. Missachtest du aber fortwährend solche Zeichen, dann greifen deine Helferinnen und Helfer notfalls zu drastischen Mitteln. Oder dein Körper gibt dir schmerzhaft kund, was er davon hält.

Deine Partnerschaften

„Soll ich oder soll ich nicht? Weißt du, manchmal komme ich mir vor wie die Lotto-Fee. Wenn man doch bloß das richtige Los ziehen könnte…" Angela kullern einige Tränen über die Wangen. „Dein Los ist es aber, die Entscheidung selbst zu treffen", antworte ich sanft. Mit dem sogenannten Brustton der Überzeugung gelingt mir das heute nicht.

Es geht um das Thema Scheidung, und das ist seit einigen Wochen schon ebenso mein eigenes. Auch ich kann dem nicht länger ausweichen.

Es gelinge gerade nichts mehr, berichtet meine Patientin weiter. Der Gesprächsfaden in der Familie sei abgerissen, ihr werde die Schuld an allem angelastet, ein schlechtes Gewissen eingeredet im Hinblick auf die heranwachsenden Kinder, die Mitarbeit im Familienbetrieb, und was schließlich solle man im Dorf denken. Das alles sei doch Erpressung, oder?

„Gut, da stehen die Zeichen also auf Sturm", steige ich wieder ein. „Der Kopf will mit dem ‚Vielleicht' noch schlichten, aber was sagt dein Herz?" Während sie mich hilflos anschaut, fällt mein Blick auf Angelas Halskette, an der ein silberner, fast drei Zentimeter großer Schlüssel befestigt ist, der gerade auf ihrem Herz-Chakra ruht. Ich zeige darauf.

„Der Schlüssel liegt nicht nur auf, sondern in deinem Herzen. Nimm das Symbol mal als Zeichen für deine Entscheidung." Für einen Moment legt Angela beide Hände über den Schlüssel und flüstert dann: „Danke, das ist die Entscheidung. Mein Herz zieht sich schmerzhaft zusammen, wenn ich den Gedanken fasse zu bleiben. Und es wird warm, ja heiß, wenn ich den Gedanken zulasse, jetzt den Weg zu gehen, von dem ich träume."
Am nächsten Morgen fand ich einen Briefumschlag von Angela vor. Darin waren der silberne Schlüssel, eine Grußkarte mit dem Bild eines Herzens und die Worte: „Ich glaube, du brauchst ihn jetzt." Ganz ehrlich: Ich war beschämt. Ich dankte dem Universum für das Zeichen, das mir diese Patientin übermitteln durfte, und hatte wieder einmal erfahren, wie klug es sein kann, eigenen Worten zu lauschen, die wir zuweilen recht gescheit für andere Menschen finden.

Trennungen sind Abschiede und verbunden mit Trauer über das, was wir hinter uns lassen. Zugleich aber bedeuten sie Befreiung und wie jede Krise die Chance, neu zu beginnen.

Abschied nehmen

Kein Haus der Welt
kann fassen,
was ein Herz begehrt.
Kein Garten umzäunen
den Raum, in dem
die Seele wohnt.

Freigegeben
zu leben
die Träume
unserer Seelen,
grenzenlos
im Rund der Welt.

Aus Tränensalz
von Abschied und Trauer
wächst Dankbarkeit.
Klarheit aus Kinderaugen.
Noch einmal ist Anfang
im Erdengarten.

Auch in meiner Heiltätigkeit war das Thema Scheidung auffallend in den Mittelpunkt gerückt. Fast täglich hatte ich Patientinnen und Patienten, die entweder in Scheidungskriegen gefangen waren (wir jedenfalls hatten nun beschlossen, uns friedlich zu trennen) oder aber noch abwägend überlegten, ob sie sich trennen sollten, dürften... Da dominierten Ängste und Trauer. Schmunzelnd muss ich heute daran denken, wie ich einmal in der Praxis eine Kollegin hineinrief, auf den Patienten zeigte und sagte: *„Behandle mal mit, denn dein Lieblingsproblem liegt auf der Behandlungsliege.“* Jetzt lag mein Problem dauernd auf dem Behandlungstisch. Ich ließ viele (hoffentlich kluge) Sprüche los, ermutigte zur Klarheit im Denken, Fühlen und Handeln – und bekam oft genug aus der Geistigen Welt den Kommentar: *»Das hast du aber schön gesagt. Hast du dir selbst auch gut zugehört?«*

Zugegeben: Wer trifft schon eine Ent-Scheidung wie über eine Scheidung (auch in diesem Wort liegt ja bereits der Ausdruck von etwas eindeutig Trennendem) aus dem Handgelenk oder einer Laune heraus? Vor allem dann, wenn in 30 Jahren gemeinsamen Erlebens keineswegs alles düster war! Alles kann sich ändern. Dann kannst du dich an Strohhalme klammern oder dir eingestehen, dass nichts mehr so ist und werden kann, wie es war. Wir wandeln uns, eben weil wir lernen. Beschreiten wir Irrwege oder können uns nicht entscheiden, dann mangelt es uns nicht an Zeichen in der Außenwelt; notfalls zeigt uns auch die Seele durch unseren Körper an, dass wir uns blockieren oder verrannt haben.

Bei mir standen Scheidung und der Neubau eines Hauses in unmittelbarem Zusammenhang. Jedes der hier beschriebenen Zeichen hätte genügen können, um Klarheit in mir zu schaffen. Im Nachhinein betrachtet, staune ich noch immer darüber, welchen kreativen Aufwand die Schöpfung betrieben hat, um mich zurückzutragen in die Herzenswahrheit.

Partner in Beziehungen stehen recht oft an Scheidewegen, ganz gleich ob in Lebenspartnerschaften oder in beruflichen Zusammenhängen. Lass mich noch einige Beispiele anfügen, die dir in vergleichbaren Situationen schneller zur Klarheit verhelfen können.

Zwischen Lebens(abschnitts)partnern oder solchen, die es werden möchten, gibt es meistens das Problem der Klarheit des Herzens. Wünsche, Ängste, Torschlusspanik, finanzielle oder sexuelle Abhängigkeit, Bequemlichkeit oder gar „häusliche Gewalt" spielen viel zu häufig eine dominante Rolle, nicht aber das Gefühl der Liebe aus „reinem Herzen". Entschlüsse beruhen dann auf Selbsttäuschung und Ausreden, auf Konstrukten einer vermeintlich heilen Welt. Die Menschen bewohnen dann miteinander Luftschlösser oder goldene Käfige, schlimmstenfalls emotional erdrückende Kerker. Kommt es zu Krisen und durch sie ausgelöste Erkrankungen, dann gibt es verschiedene Szenarien auf der Skala zwischen Unterwerfung unter die nun entstehenden Zwänge von Mitleid und Fürsorge oder von Trennung und Aggression. Die Folge davon sind heftige Scheidungskriege, bei denen meistens alle verlieren und nur streitbare Anwaltskanzleien die Nutznießenden sind. Meistens sind das Auswüchse der sogenannten Krise in der Lebensmitte.

Die Zeiten, wo Ehepartner zum lebenslänglichen Miteinander gezwungen waren – sei es durch die Macht von Gelübden oder wirtschaftlichen Abhängigkeiten –sind weitgehend vorüber. Auch wenn unser Handeln beschränkt zu sein scheint, begehren viele Menschen gegen derartige Zwänge auf.

Die Epoche, in der wir leben, ist hoch dynamisch, tiefer Wandel ist allgegenwärtig. Dem kannst du mit stetiger Angst begegnen oder mit

liebevoller Hingabe an die sogenannten Zufälle des Lebens. Fühle in dich hinein, was dich leitet: (Selbst)Liebe oder ihr Gegenteil, der (Selbst)hass? Wo ist der Ort, an dem du deine Entscheidungen triffst? Im Herzen oder mit Krämpfen im Bauch und Hämmern im Kopf?
In manchen Beziehungen stehen beide Muster einander unversöhnlich gegenüber.

Bei einem Ehepaar kriselte es schon seit Jahren. Immer schwerer überwindbar schienen die Hindernisse, die sich aus unterschiedlichen Vorstellungen darüber ergaben, wie tief und spontan man das Leben gemeinsam gestalten und genießen wolle. Der Mann erfüllte sich nach schwieriger Jugend einen Traum nach dem anderen, kaufte sich eine E-Gitarre und spielte in einer Band, unternahm individuelle Reisen, zum Beispiel auf einem Frachter über das aufgewühlte Meer, dichtete Liedtexte und begann zu komponieren. Seiner Frau fiel es schwer, sich auf diese Entwicklung einzulassen und zu begreifen, dass die Schritte der Selbstverwirklichung ihres Mannes immer mehr den Charakter einer Flucht aus einem als öde empfundenen gemeinsamen Alltag annahmen.
Noch verband die Freude am Tanzen beide Partner. Auch besuchten sie Paar-Seminare, wo sie gemeinsam mit anderen, deren Ehen ebenfalls nicht zum Besten standen, Rituale eines liebevollen Umgangs miteinander einübten. Das wirkte unnatürlich und krampfhaft, überschritt zuweilen die Grenze zum Lächerlichen, führte zu Irritationen und Kopfschütteln, wenn wir uns im Freundeskreis trafen. Nach einigen Jahren kam die erste Trennung, Folge seines ersten „Seitensprungs". Hass auf ihrer Seite, sie wollte die Scheidung mit dem Kommentar: „Der wird bluten!" Sie wurde krank. Der Körper reagierte in Warnstufen: erst Probleme mit der Haut, gefolgt von Asthma, schließlich starke rheumatische Beschwerden mit zunehmenden Bewegungsproblemen.

War es Mitleid oder Illusion, vielleicht beides? Sie wagten einen Neuanfang, bezogen ein neues gemeinsames Haus, nach einem Jahr schon verkauften sie fast alle Bücher und Möbel, zogen in noch frühen Jahren in eine Einrichtung für Betreutes Wohnen. Fast alle Freunde waren entsetzt. Immer deutlicher wurde, dass die Erkrankung der Frau ihren vielleicht unbewussten Zweck erfüllt hatte, den Mann zu binden, an sich zu fesseln und zugleich zu bestrafen. Das Problem war damit nicht aus der Welt. Sah sie ihn auf einer Feier tanzen, überhäufte sie ihn mit bissigem Spott. Er nahm sich ein kleines Wochenendhaus, um diesem Alltag wenigstens zeitweilig zu entfliehen, traf sich dort mit Freunden, wälzte mit ihnen das Problem, ob er es moralisch verantworten könne, in sein Leben zurückzukehren, sich endgültig zu trennen. Erste gesundheitliche Probleme zeigten sich nun auch bei ihm. Ich kürze die traurige Geschichte ab: Nach der endgültigen Trennung hielt der Kriegszustand an, fast 20 Jahre, und endete erst mit dem Tod der Frau durch einen inoperablen Tumor.

Solche Dramen aber sind alltäglich, so schwer verständlich uns das erscheinen mag, wenn wir sie bei anderen Menschen beobachten. Unfassbar ist vor allem, dass in einem derartigen Teufelskreis Zeichen, die dir gesendet werden, ihre Wirkung scheinbar verfehlen. Keine Chance! Die Krankheitsstufen der Frau waren freilich Zeichen genug, sie steigerten sich von Mal zu Mal. Es handelte sich um den gegen sich selbst gerichteten Hass, eine Auto-Aggression, Krankheit als Waffe, sich selbst als Opfer zu betrachten und darzustellen, um vermeintlich den Täter zu bestrafen. In solchen Beziehungen aber sind die Opfer selbst die wahren Täter. Sie fliehen vor sich selbst und stehen mutlos vor Entscheidungen, die auch Trennung und Neubeginn bedeuten würden. Dabei verfügen sie doch über eine außerordentlich große mentale Kraft, die sie aber gegen sich selbst richten.

Mach dir bewusst: Ent-Scheidungen und eben Scheidungen sind immer eine Belastung und bedeuten eine Krise. Gleichzeitig sind sie aber eben auch eine Chance für beide Partner, wenn sie in gegenseitiger Achtung vollzogen werden. Für beide geht es im Kern um Loslassen, niemals um Festhalten. Nur Loslassen bringt Frieden, innerlich wie äußerlich.

Viel zu selten lassen wir die Frage zu, warum zwei Menschen überhaupt eine Beziehung miteinander eingehen oder heiraten. Wie oft denkst vielleicht auch du, dass Partner doch irgendwie gar nicht zueinander passen? Worin nur das Geheimnis einer Ehe bestehen könne, deren Basis sich niemandem erschließt? Auch solche Beziehungen bleiben meistens nicht kinderlos und halten zumindest einige Jahre. Liebe soll ja bekanntlich blind machen – oder erblindet eher die Liebe, weil ein Mensch nicht bereit ist, die Wahrheit mit offenen Augen zu betrachten? Zeichen gibt es dazu nämlich jede Menge, von Beginn an, und gerade die Hochzeitsfeierlichkeiten bleiben davon nicht verschont.

Zehn Jahre nach ihrer Scheidung berichtete mir eine Freundin lachend von ihrer missglückten Hochzeitsfeier: Der Bräutigam kam zu spät zum Standesamt, hatte bei der kirchlichen Trauung die Ringe vergessen, ein Trauzeuge konnte nicht mitwirken, denn er hatte alle Ausweispapiere vergessen und musste, wie peinlich, durch die Mutter des Bräutigams ersetzt werden. Die bestellten Straßenmusikanten hatten den Tag verwechselt, das im Garten aufgebaute Festzelt flog mit einem Windstoß davon. Schließlich brachte der Caterer nicht die vereinbarten Menüs... Zeichen genug? Was sollte denn noch geschehen?!

Du kannst sicher sein, dass diese Freundin schon weit vor ihrer Hochzeit Zeichen erhalten hatte, die auf die offenbare Problematik der Beziehung hinwiesen. Wir erklären das mit dem beliebten Spruch „Liebe macht blind“.

Fragen für dich:
Nimm dir ein Blatt Papier und unterteile es in zwei Spalten. Schreib auf: was fühlt sich an deiner Beziehung gut an? was nicht?
Worüber rede ich mit meinem Partner / meiner Partnerin regelmäßig? Über unsere Berufe? Gemeinsame Interessen / Hobbys? Kinder oder andere Familienmitglieder? Über Gefühle, Träume und Ängste?
Fühle ich mich abhängig in der Partnerschaft? Wirtschaftlich oder im sozialen Leben?
Welche Rolle spielt ein möglicher Kinderwunsch in unserer Partnerschaft?
Kann ich ungehindert meine Interessen verfolgen und Dinge tun, die mir Freude bereiten?
Wenn ich mir vorstelle, mich beruflich verändern oder neue Wege beschreiten zu wollen, beispielsweise in der Ernährung oder in Urlauben: Dürfte ich dabei auf Verständnis und Unterstützung hoffen?
Hätte ich die Möglichkeit, beruflich oder auch zur allgemeinen Orientierung eine Auszeit zu nehmen, und würde die Partnerschaft das (er)tragen?
Gibt es in meiner Partnerschaft eine dominierende sexuelle Komponente oder ist das im Gegenteil überhaupt kein Thema? Empfinde ich unser Gefühls- und Sexualleben als ausgleichend und tragend?
Wenn ich den Zustand meiner Partnerschaft auf einer Skala von 1 bis 10 bewerte, welche Zahl wähle ich spontan?
Was löst die Vorstellung / die Tatsache in mir aus, dass mein Partner / meine Partnerin sich in einen anderen Menschen verliebt und erklärt, mich verlassen zu wollen?

Wie ist es um mein Verhältnis zu unseren Kindern bestellt (gemeinsamen und denen aus einer anderen Beziehung)?
Welche Rolle spielen familiäre Strukturen in meiner Beziehung (zum Beispiel die Schwiegereltern)?
Gibt es sozialen Druck aus dem Umfeld (Nachbarschaft, Dorfgemeinschaft), der meine Beziehung beeinträchtigt?
Welche Zeichen erhalte ich / habe ich erhalten in Bezug auf meine Partnerschaft? Waren sie mir bereits bewusst? Oder werden sie mir erst jetzt bewusst, wo ich mich darauf besinne?

Dein Zuhause

Heftig wurde es für mich im Vorfeld meiner Scheidung. Das ist nach fast 30 Ehejahren eine typische Situation: Beide Kinder hatten das „Nest" verlassen. Also überlegten meine damalige Frau und ich, ob wir unser Reihenhaus umbauen sollten. Da sich die Nachbarschaft wenig vorteilhaft entwickelte, beschlossen wir, neu zu bauen, ohne uns gründlich genug zu fragen, wo wir mit unseren Lebensentwürfen standen und wie sich unser Zusammenleben gestalten sollte. Denn beruflich bewegten wir uns immer weiter auseinander, auch in den zeitlichen Abläufen, und reisten oft umeinander herum.
Am Ende sollte es ein Neubau in einer Umlandgemeinde richten, 20 S-Bahn-Minuten von unseren Arbeitsstätten entfernt. Ich wollte unbedingt einen Kamin und einen Teich. Beides ließ sich in der gemeinsamen Vorstellung nicht finanzieren, vom Teich riet der Gärtner ab. Ich schluckte, aber widersprach nicht.
Schon in der Bauphase kamen die ersten Zeichen: Alle Fenster waren geliefert und eingebaut, aber meines fehlte. Zum Richtfest kamen die Mitarbeiter des Bauträgers mit einer Stunde Verspätung, viele Freunde konnten

nicht kommen, es herrschte eine deprimierende Stimmung. Aber „sehenden Auges" ließ ich mich weiter auf alles ein, was geschah.
Nach dem Einzug folgten dann: An meinem Geburtstag Eisregen, alles erstarrt, keine Bewegung. Ein halbes Jahr verzögerte sich der Telefonanschluss, keine Kommunikation. Auffallend viele tote Tiere lagen im Garten, etwa eine von einer Elster zerhackte Taube, die vor meinem Fenster genistet hatte. Kein neues Nest für mich?!
Allabendlich, wenn ich aus der Praxis zurückkam, ging ich zudem an einem kleinen Häuschen vorbei, in dessen schmalem Wohnzimmer gemütlich ein Kaminfeuer brannte. Im ebenso schmalen Vorgarten war ein Teich angelegt. Manchmal hielt ich kurz inne und schaute gebannt hin. Diese Menschen hatten viel weniger Platz als wir, aber dennoch alles, was ich mir selbst von Herzen gewünscht hätte.
Nachdem ich all das nicht in mein Bewusstsein gelassen hatte und keine Konsequenzen zog, blockierte mich im Frühling mein Körper. Eines Tages – ich hatte vor, im Garten zu arbeiten – konnte ich das Bett nicht verlassen, da die rechte Körperhälfte stark schmerzte. Ich musste im Krankenhaus an den Schmerztropf. Erst dann konnte ich mich selbst heilen. Ich fing an, „schmerzlich" zu begreifen. Unsere Trennung erfolgte einige Monate später. Erst dann tönten manche Freunde: „Ist doch immer so, wenn es nicht mehr stimmt, kauft man noch teure Möbel oder baut sogar ein Haus…". Der Umweg war schmerzlich, doch lehrreich. Merke: Botschaften aus dem Freundeskreis kommen meistens recht selten, wenn überhaupt, und dann zu spät.
Als wir dann beim Notar saßen, um das Haus zu verkaufen, meinte der nichtsahnend: »Naja, viele Menschen verkaufen ja auch, weil kurz nach dem Einzug die Scheidung ansteht.« Uff! Wie war das noch mit den Botschaften von außen? Wir mussten verstohlen kichern, zumal wir meinten, dass schon hinreichend begriffen zu haben. Manche Lektion wird zur Sicherheit eben

wiederholt – ähnlich wie wir in der Schule die Vokabeln dreimal abschreiben mussten, wenn wir sie nicht befriedigend gelernt hatten.

Gut, magst du einwenden, das war schon eine besondere Situation. Wirklich? Ich denke, viele der hier aufgezeigten Zusammenhänge treten auch auf, wenn du dir eine Wohnung suchst oder eben selbst ein Haus kaufen oder bauen willst. Da gibt es viele tatsächliche oder vermeintliche Zwänge. Sie verleiten uns sehr schnell dazu, im Zweifel unsere Gefühle und Herzenswünsche zu verdrängen. Aber mit welchen Folgen? Achte bei derartigen Entscheidungsprozessen mal auf die Zeichen. Freilich, nicht jedes Hindernis ist eine Warnung, umgekehrt auch nicht zwingend eine Ermutigung. Wir neigen dann schnell dazu, die Dinge entweder beschleunigen oder bagatellisieren zu wollen, wenn wir uns etwas in den Kopf gesetzt haben oder Zwänge verspüren. Der Druck auf dem Wohnungsmarkt ist ja auch nicht zu unterschätzen.

Doch versuche einmal, diese wichtigen Dinge im Leben so entspannt wie möglich anzugehen, und sei sicher, dass du Zeichen erhältst. Halt ab und zu inne, um sie zu erkennen. Wie waren die Reaktionen von Vermietern oder Noch-Eigentümern? Was hat dich abgestoßen, was angezogen? Achte auf deine Gefühle und Beobachtungen, auch diejenigen abseits von sachlichen Gegebenheiten, etwa ob dir Fußbodenbeläge oder Badezimmerfliesen gefallen oder nicht. Diese Dinge lassen sich leichter verändern als eine Fehlentscheidung, die dich in deinen innersten Bedürfnissen beschneidet. Es ist deshalb wichtig, dass du Klarheit gewinnst über deine Bedürfnisse und Wünsche und dass du herausfindest, ob sie beispielsweise mit denen deines Partners / deiner Partnerin vereinbar sind.

Fragen für dich:
Bin ich mit meiner / unserer jetzigen Wohnsituation rundum zufrieden?
Oder: Wie bewerte ich einen möglichen neuen Wohnort / ein Projekt?
Was ist schön?
Womit bin ich unzufrieden?
Habe ich genügend Raum für mich und meine Bedürfnisse, auch für Zeiten, in denen ich allein sein möchte?
Können sich alle Familienmitglieder / Mitbewohnende gut entfalten? Wo stören wir einander?
Ist die Lage günstig, das Umfeld freundlich, oder gibt es Stress (Nachbarn, Vermieter, Verkehr usw.)?
Träume ich von Veränderungen, einem eigenen Haus, einem anderen Ort?
Ich beschreibe mein Traumhaus, meine Traumwohnung: was wünsche ich mir dafür?
Wenn ich den Zustand meiner Wohnsituation auf einer Skala von 1 bis 10 bewerte, welche Zahl wähle ich spontan?
Was spricht für eine Veränderung, was dagegen?
Hindern mich Ängste an einer Veränderung? Finanzieller Art? Die Beziehung? Welche sonst?
Welche Zeichen erhalte ich / habe ich erhalten bezüglich meiner Wohnsituation? Waren sie mir bereits bewusst? Oder werden sie mir erst jetzt bewusst, wo ich mich darauf besinne?

Was ich jetzt noch zum Thema Wohnen beschreibe, ist eher ein Exkurs. Es geht um das Auswandern, also um eine sehr konsequente und folgenreiche Form des Distanzschaffens zum bisherigen Leben. Distanz kann in vieler Hinsicht ein bedeutender Faktor sein: zur Verarbeitung oder Verdrängung des eigenen Erlebens, zur Steuerung der Häufigkeit als erträglich empfundenen sozialer Kontakte, als Kompensation subjektiv empfundener oder tatsächlich gegebener Gesellschaft sozialer Einengung oder in der Hoffnung auf eine optimalere Grundlage zur Selbstverwirklichung. Ob subjektive Überzeugung und die angestrebten Effekte miteinander im Einklang stehen, sagen dir auch bei solchen Unterfangen die Zeichen-Botschaften.

Larissa und Peter träumten von einem neuen Wohnsitz in Portugal. Südlich von Lissabon kauften sie in der Nähe eines Naturreservats ein weitläufiges Grundstück nebst einem renovierungsbedürftigen, seit einiger Zeit verlassenen Wohngebäude. Finanziell bestand zwar kein Problem, aber die Vertragsverhandlungen hatten sich unabsehbar lange hingezogen, weil die Vorstellungen zwischen ihnen und dem in die Stadt verzogenen Verkäufer zunächst weit auseinanderlagen. Das betraf vor allem den zu erwartenden Renovierungsaufwand. Larissa und Peter gaben schließlich nach. Das hatte die Folge, dass an einen sofortigen Umzug nicht zu denken war. Das war der Anfang eines mehrjährigen Dramas, geprägt von dem Zwang, zwischen ihrem Wohnort in Deutschland und dem Anwesen in Portugal zu pendeln, um die zäh verlaufenden Renovierungsarbeiten zu koordinieren und selbst Hand anzulegen. Obgleich sie bei jedem Gespräch die Friedlichkeit und Kooperationsbereitschaft im Umfeld gepriesen hatten, häuften sich kritische Vorfälle. Einmal war es Vandalismus, der nicht aufgeklärt werden konnte, dann die Insolvenz eines Handwerksbetriebes, schließlich ein Waldbrand, der nur mit Glück noch am Rande des Anwesens gestoppt werden konnte. So jedenfalls hatten sich Larissa und Peter ihren neuen Traumort nicht vorgestellt. Sie fragten sich zunehmend, warum das so sein müsse, hätten doch ausgewanderte Freunde weitaus mehr Glück gehabt und den Wechsel in wenigen Wochen, spätestens Monaten vollziehen können.

In einem neuerlichen Gespräch lenkte ich den Blick mit Bedacht auf die noch bestehende Existenz in Deutschland. Ach, das laufe doch bestens.

Trotz finanzieller Verluste durch die Geschehnisse in Portugal verdienten beide immer noch sehr gut – seitdem der Entschluss zum Auswandern getroffen war, sogar noch viel besser. Auch ihr Familien- und Freundeskreis finde das aufregend und unterstütze sie mental bestens. In der Sichtweise der beiden war das ein positives Zeichen, das ihnen signalisiere, dass das Projekt ohne Risiko sei. Womit sie in der recht dünn besiedelten portugiesischen Gegend denn ihr Geld verdienen wollten, hakte ich nach. Sie tauschten erstaunte Blicke aus, die sich dann auf mich richteten. Das werde sich ja dann zeigen, meinten sie, denn bis auf die am Ende ja kleineren Probleme mit der Renovierung fühlten sie sich doch vom Glück getragen.

Fast ein Jahr später: Noch immer kein Umzug, allenfalls einige Wochen Aufenthalt in Portugal, noch immer Renovierung. Der Spagat entwickelte sich zunehmend kritischer, es gab Verdienstausfälle durch die lange mehrfache Abwesenheit von Deutschland, ohne dass in Portugal Zeit blieb, geschäftlich etwas zu entwickeln. Die inzwischen perfektionierten Sprachkenntnisse änderten daran nichts. Die Stimmung hatte sich deutlich verändert, auch die Kräfte ließen nach. Bei Larissa tauchten erste Fragezeichen auf, ob der Lebenstraum nicht geplatzt sei, vielleicht sogar auf Illusionen beruhe. Schließlich hoffe sie, bald Kinder bekommen zu können, was immer weiter hinausgeschoben werde. Die Ehe der beiden kriselte. Nach vier anstrengenden Jahren des Hoffens und Verausgabens an Geld und Kraft zogen Larissa und Peter die Notbremse. „Ach, hätten wir doch all diese Zeichen als solche wahrgenommen“, gestand mir Peter unter vier Augen. „Uns wäre viel erspart geblieben.“ – „Botschaften hattet ihr ja genug“, antwortete ich. „Hier in Deutschland lief es besser denn je, dort gar nicht. Vielleicht wäre es deutlicher rübergekommen, wenn der Waldbrand nicht hätte eingedämmt werden können?“

An Kanadas Westküste waren wir zu Gast, um Wohnhäuser ausgewanderter Paare und Familien aus Deutschland und der Schweiz geomantisch zu entstören. Auffallend wenige von ihnen hatten sich tatsächlich assimiliert, fühlten sich als Kanadier, unabhängig davon, ob sie die Staatsangehörigkeit erlangt hatten oder nicht. Vielen war ein innerer Zwiespalt anzumerken, ja sogar eine Zerrissenheit zwischen zwei so unterschiedlichen Welten. Würde man aus den Fenstern nicht den Blick auf die wundervolle Naturlandschaft der Sunshine Coast genießen, auf Adler und springende Wale – im Inneren der Häuser wähnte man sich in deutschen und alpenländischen Wohnzimmern. Überaus glücklich wirkten nur sehr wenige dieser Menschen in ihrer neuen oder zweiten Heimat.
Kurzum: Solltest du einen Drang nach dem Wegsein(-Wollen) verspüren, gibt es nicht nur viel zu bedenken, sondern ganz viel zu erspüren. An Zeichen wird es dir bestimmt nicht fehlen.

Dein Beruf – deine Berufung

Problemlagen, wie sie zwischen Lebenspartnern auftreten, entstehen auch im beruflichen Umfeld oder aus beruflichen Anlässen. Auch da tun wir uns oft sehr schwer damit, konsequent zu handeln. Das gilt nicht nur für die Auswahl von Firmenpartnern, sofern wir diese Wahl überhaupt haben. Natürlich möchte niemand seine Arbeitslosigkeit provozieren, wichtige Kunden oder Kundinnen vergrätzen oder Schwäche zeigen. Auch hier gibt es Motive genug, die uns an Herzensentscheidungen hindern.

Alina war Anwältin, hatte sich eine gute Position in einer angesehenen Kanzlei erkämpft und war dort Partnerin geworden. Doch mit ihren bevorzugten Prozessstrategien geriet sie im Laufe der Zeit in Streit mit den Kollegen, die sie bedrängten, weniger kompromissbereit aufzutreten. Sie war jedoch überzeugt von ihrer Art, im Sinne der Mandanten und streitenden Parteien nach Möglichkeit eine Verständigung herbeizuführen, um ihnen oft kostenträchtige Wege durch die Instanzen zu ersparten. In den Augen ihrer Kollegen war sie damit zu weichherzig und zu schwachnervig. Sie dagegen verabscheute die verbreiteten Schauspielereien und Dramaturgie vor allem in Gerichtsverhandlungen.

Seit langem schon riet ich Alina, sich doch selbstständig zu machen, ob allein in einer Kanzlei oder mit einem oder mehreren Partnern ihrer Wahl, die ähnlich wie sie dachten. Davon kannte sie doch einige, schon aus der gemeinsamen Studienzeit. Vergeblich, sie meinte durchhalten zu müssen.

Die Loslösung gelang ihr erst, nachdem die Kanzlei eines Nachts ausgebrannt und fast alles Aktenmaterial vernichtet worden war. Das Feuer war von einem brennenden Müllcontainer übergesprungen. Eine Katastrophe für die Sozietät, aber durch diesen Einschnitt ihre Chance im Unglück! Wirtschaftlich wurde alles durch Versicherungen geregelt, aber nun hatte Alina es plötzlich brand-eilig, auszuscheiden und den eigenen Weg zu wagen.

Muss es erst so weit kommen, dass Betriebe schließen, Kündigungen ausgesprochen werden oder die Umstände sich durch einen Brand zuspitzen? Nach meiner Erfahrung viel zu oft.

Schwellensituationen im Berufsleben entstehen zumeist aus zwei Gründen:

Im einen Fall spüren wir, dass aus innerem Antrieb Veränderung angesagt ist. Im anderen Fall geht es darum, für unser Unternehmen

geeignete Partner zu suchen – oder aber uns wieder von ihnen zu trennen. Nicht selten kann es sich dabei auch um eine unübersichtliche Gemengelage handeln, in diesem Fall muss besonders auf die entsprechenden Zeichen geachtet werden.
Berufliche Partnerschaften können ähnlich konfliktgeladen sein wie unglückliche Ehen. Besonders in Personengesellschaften, in denen es eine hohe gemeinsame Verantwortung und ein gemeinsames Haftungsrisiko gibt, kannst du schnell in stürmische Gewässer geraten. Da gibt es zum Beispiel manchmal einen klaffenden Widerspruch zwischen einer bestechenden fachlichen Qualifikation, auf die wir den Fokus richten, und menschlichen Schwächen wie etwa Unehrlichkeit, die schon nach kurzer Zeit als Sprengsätze wirken können. Achte deshalb genauestens auf alle Zeichen, die dir Hinweise auf solche potenziellen Probleme geben. Meistens offenbaren solche Menschen sich selbst.

Als ich bei der Gründung unserer ersten Gemeinschaftspraxis einen Kollegen fragte, wie er mit seiner nebenberuflichen Heilertätigkeit bisher steuerlich behandelt werde, stotterte er und gab kleinlaut zu, diese Einkünfte bisher nicht zu versteuern. Ich war irritiert, fasste aber trotzdem Vertrauen. Doch als sich unsere Wege aus anderen Gründen schon bald wieder trennten, wurde mir aufgrund von Patientenberichten klar, dass dieser Partner zahlreiche Behandlungen nicht über die Gemeinschaftspraxis abgerechnet hatte.

Auf weitere traurige Beispiele verzichte ich hier. Mir geht es nicht darum, unnötig Ängste und Misstrauen zu schüren, wohl aber zur Vorsicht zu raten. Verdränge nicht Freude und Begeisterung aus dem Arbeitsleben, aber sieh genau hin und achte auf Zeichen, wenn du dich beruflich an Partner oder Partnerinnen bindest.

Worauf du auch achten solltest: Manche Menschen hängen sich bei einem Mangel an eigener Qualifikation und Erfahrung gerne an kompetente, selbstsichere Persönlichkeiten. Sie sind dann von Beginn der Partnerschaft an ein Klotz am Bein. Wirf deshalb einen kritischen Blick auf ihr bisheriges Berufsleben. Was hat da funktioniert und was nicht? Frag offen danach und nach ihren Motiven. Viele dieser Menschen spielen Souveränität und Kompetenz nur vor. Diese Kompensationsstrategien bekommen schnell Lücken. Nimm damit verbundene Zeichen wahr und hab den Mut, Verbindungen rückgängig zu machen.

Mir war immer klar, dass ich es nicht ein Berufsleben lang in einer Behörde oder bei einem sonstigen Arbeitgeber aushalten würde. Mehrfach im Laufe der Jahrzehnte stand ich an der Schwelle, den Sprung in andere Felder und Beziehungen zu wagen. Ich habe zu spüren gelernt, wann eine Veränderung angesagt war, eine bestehende Arbeitsbeziehung nicht mehr trug, mich langweilte oder dadurch plötzlich konfliktreich wurde.

Im Jahre 2004 sah ich mich wieder einmal mit der Frage konfrontiert, wohin mein beruflicher Weg mich führen solle. Ende der 90er-Jahre aber hatte ich eine Heilpraktiker-Ausbildung begonnen und überlegt, mittelfristig in den Heilberuf zu wechseln. Doch irgendwie fühlte sich dieser Ansatz nicht stimmig an, bis ich entdeckte, dass es um meine medialen und energetischen Fähigkeiten ging.

Nachdem das Geistige Heilen in Deutschland freigegeben war, hatte ich schon beschlossen, meine Unternehmensberatung aufzugeben, um mich der Heilarbeit widmen zu können. Diese Entscheidung traf ich innerhalb weniger Tage über das Weihnachtsfest und beauftragte dann meine Steuerberaterin, die Firma zum Jahresende abzuwickeln. Das entsprach eher meinem Naturell: schnell Raum und Zeit für Neues zu schaffen. Trotzdem lauern oft Fallen, so auch hier.

Vielleicht aber, dachte ich bei mir, könnte ich meine Lehrtätigkeit an der Uni dennoch fortsetzen, denn diese hatte mir bis dahin viel Freude bereitet. Wie fast immer in solchen Momenten, in denen wir vor Entscheidungen gestellt sind, folgte die Provokation auf dem Fuß. Ich geriet in eine Situation, die einer Doppelbotschaft glich und die am Ende Klarheit schuf. Mein Studiendekan sprach mich an und meinte, ob ich nicht eine halbe feste Stelle haben wolle, die man ja langsam ausbauen könne. Er finde es toll, wenn ich die Stelle neben der Lehrtätigkeit nutzen könne, um die neuen Bachelor-Studiengänge im Fachbereich mit in Form zu bringen. Leicht verwirrt saß ich im Zug zurück nach Hannover. Als der Zug anrollte, setzte sich auf den Platz neben mir ein Kollege von den Wirtschaftswissenschaftlern. „Na, wie geht's?", fragte er mit skeptischem Blick. Dann fing er an, sich ziemlich heftig über die Gremienarbeit an der Uni und die fehlende Unterstützung durch die Unileitung zu beklagen. Das genügte für mich.

Zu Hause angekommen, war meine Entscheidung gefallen. Schluss, auch mit der Uni, ganz und gar! Nun herrschte Gewissheit: Heilen steht jetzt an, sonst nichts mehr. Eine Phase meines Lebens war abgeschlossen. Mit Mühe brachte ich das Semester zu Ende, denn das Gebäude mit den Seminarräumen fühlte sich jetzt energetisch ganz gruselig an und ich kam, im Unterschied zu den Jahren davor, von dort völlig abgekämpft nach Hause.

Manchmal lerne ich schnell aus solchen „ganz zufälligen" Begegnungen. Wie gut! Doch es kann auch ganz anders kommen, wenn noch mehr daran hängt. Mein Glück bei allem war immer wieder, dass sich bei beruflichen Veränderungen niemals wirtschaftliche Probleme auftaten. Unter solchen vermeintlichen Zwängen wählen viele

Menschen nicht den Weg des Herzens, sondern der scheinbaren Sicherheit, nicht den Wandel, sondern die Erstarrung.
In dieser Zeit des Übergangs ins Wassermann-Zeitalter gerät vieles in Bewegung. Neben den Beziehungen besteht eine wachsende Herausforderung darin zu erspüren, worin unsere Berufung besteht. Auf die Berufung gehe ich später noch einmal ein. In unserem Zusammenhang meint Berufung so etwas wie den „inneren Ruf" zu einer bestimmten (Lebens-)Aufgabe. Weniger im streng religiösen Sinn zu einer missionarischen Tätigkeit, sondern zu einem gefühlten Herzensanliegen. Die Zeichen, die uns auf eine solche Berufung stoßen, übersehen wir nur zu oft oder weisen solche Botschaften von uns. Denn unsere Lebensumstände geben dem manchmal wenig Spielraum.

Für mich selbst war es zum Ende meiner Schulzeit ziemlich undenkbar, einen Heilberuf anzustreben. Mein Schwerpunkt lag auf den Geisteswissenschaften, und auch mein Notendurchschnitt hätte etwa ein Medizinstudium gar nicht zugelassen. Das aber war nicht ausschlaggebend; ich hatte Heiltätigkeiten überhaupt nicht im Fokus. Kurz vor dem Abitur lud mein Klassenlehrer einen ehemaligen Schüler ein, uns aus seiner Arbeit als Heilpraktiker für Menschen und Tiere zu berichten. Ich war total fasziniert von seinen Schilderungen – trotzdem lag mir jeglicher Gedanke fern, nach dem Schulabschluss eine Heilpraktiker-Ausbildung zu belegen. Genauso verhielt es sich mit einem möglichen Psychologiestudium. Über zwei Schuljahre belegte ich zwar mit Begeisterung in einem Schulversuch das Fach Psychologie, doch auch diesbezüglich gab es keine beruflichen Abwägungen für mich. Aus heutiger Sicht war das möglicherweise ein Umweg für drei Jahrzehnte. Erst um die Lebensmitte erhielt ich den inneren Impuls dazu und begann eine Heilpraktiker-Ausbildung.

Eine Berufung zu erspüren ist nicht immer leicht. Oft sind andere Gewohnheiten und Prägungen vorerst stärker als die Gefühle und Zeichen, die darauf hindeuten. Wie wäre alles verlaufen, hätte ich den äußeren Impuls mit 18 Jahren wahrgenommen und gefühlt? Heute ist das ein müßiger Gedanke, aber mich hat das gelehrt, dass eine Berufung sich nicht nur einmal meldet; sie ist geduldig.

Fragen für dich:
Bin ich mit meiner jetzigen beruflichen Situation rundum zufrieden?
Was gefällt mir gut?
Was daran gefällt mir weniger, was gar nicht?
Welche Vorstellung habe ich von der Vereinbarkeit von Beruf und sonstigen Lebenszielen?
Welche Zeichen erhalte ich / habe ich erhalten bezüglich meiner beruflichen Situation? Waren sie mir bereits bewusst? Oder werden sie mir erst jetzt bewusst, wo ich mich darauf besinne?
Welche Träume oder Visionen habe ich in Bezug auf Inhalte und Formen von Arbeit? Gab es Kindheitsträume? Wie fühlen diese sich heute an?
Fühle ich eine besondere Berufung oder Bestimmung? Was lösen diese Begriffe in mir aus?

Kapitel 3 – Zeichen im Alltag

„Du, stell dir vor: Ich will gerade die Buchhandlung verlassen, da fällt über mir ein gebundenes Buch aus dem Regal, streift meine Haare und landet auf meinem rechten Fuß. Ich hab mich vielleicht erschrocken!“ Meine Freundin Lore rührt aufgeregt in ihrer Teetasse. „Die Buchhändlerin meinte, so was könne doch nur bei einem Erdbeben passieren, alle Bücher stünden dort fest im Fach. Aber das Beste: Ich schaue auf den Titel – und es ist ein Buch genau zu dem Thema, wonach ich fast dreißig Minuten ergebnislos alles durchgeschaut hatte!“

„Dein Tee wird kalt“, sage ich lachend, aber Lore lässt dieses Erlebnis nicht los. „Wenn das kein Zufall ist“, haucht sie noch vor dem ersten Schluck. „Was sonst?“, frage ich zwinkernd zurück. „Vielleicht aber auch eine Notwendigkeit. Da fällt dir ein zu deiner Suche passendes Buch zu, fast auf deinen Grübelkopf.“

Ja, da fiel meiner Freundin wahrhaft etwas zu. Ein treffliches Wortspiel, wenn wir wieder den Begriff Zufall mit Ereignissen oder dem Zusammentreffen von Ereignissen verknüpfen, für die wir, wenigstens zunächst, keine Ursache finden. Ich gestehe, dass Lore und ich das keineswegs für unerklärbar hielten, sondern stattdessen für eine ungewöhnlichere Art der Anlieferung eines gesuchten Gegenstandes.

Zeichen und Wunder sind also keineswegs beschränkt auf die großen Lebensthemen. Sie haben ebenso große Spielräume in unserem Alltagsleben mit ebenso hoher Bedeutung.

Kleine Zeichen – große Hilfe

Petra war noch immer völlig aufgelöst. Ihre eiskalten Hände umklammerten zitternd meine Schachtel mit Papiertaschentüchern. „Ich hatte den klaren Impuls, nein, da fährst du nicht mit. Und dann keine zwei Stunden später diese Nachricht aus dem Krankenhaus...“

Was war passiert? Freunde hatten sie eingeladen zu einem Wochenendausflug an die Nordsee. Eigentlich passte alles: das Wetter, kein Dienst im Restaurant, Lust auf Abwechslung. Aber irgendetwas in ihr rebellierte bei dem Gedanken, mit ihrem Freund Tom und zwei Bekannten am Freitagnachmittag ins Auto zu steigen. Ein ungutes Gefühl, alles zog sich bei diesem Gedanken in ihrem Unterleib zusammen. Dann hatte sie ein Bild vor Augen, dass sich eine schwarze Wolke vor die strahlende Sonne schob. Unverständnis natürlich bei Tom, Kopfschütteln, als sie leicht verwirrt absagte. Entsetzen bei ihr, als die Kurznachricht eintraf: „Hatten schweren Unfall, Wagen Totalschaden. Gundi und Mark noch bewusstlos. Bin selbst mit einigen Brüchen davongekommen.“

„Woher bloß hatte ich diese Vorahnung erhalten? Hätte ich die anderen warnen sollen und hätten sie mir geglaubt? Aber an einen Unfall habe ich ja selbst zu keinem Zeitpunkt gedacht.“

Ich erklärte Petra, dass wir sehr oft im Leben solche Zeichen bekämen, die uns entweder vor bestimmten Schritten warnen, andererseits aber auch in Entschlüssen bestärken oder auf „blinde Flecken“ hinweisen könnten.

„Wenn du das so erklärst“, sagte sie leise, „dann ist mir das in anderen Zusammenhängen doch schon oft passiert, aber nicht so heftig und eindeutig wie diesmal.“

Ja, das fand auch ich heftig. Doch es war kein Einzelfall, dass ich in meiner Heiltätigkeit mit mehr oder minder eindrücklichen Erlebnissen konfrontiert war, in denen die Betroffenen auf verschiedenen Wegen mehrfach eindeutige Botschaften erhielten. Ich gab mir Mühe, sie zu sensibilisieren für diese vielleicht nicht alltäglichen, aber auch keineswegs seltenen Zeichen in ihrem Leben, sie deuten zu lernen und ihnen zu vertrauen.

Doch hatte es nicht auch bei mir selbst lange genug gedauert, bis ich dazu bereit war, aus Zeichen Schlussfolgerungen zu ziehen?!

Nicht hinter jedem kleinen Zeichen, das von außen kommt, steckt gleich der Stoff für ein Lebensdrama. Dennoch kann auch ein klitzekleines Zeichen in einer bestimmten Situation dir eine große Orientierungshilfe sein.

Einmal zu Urlaubsbeginn wartete ich mit meiner Familie in Travemünde auf unsere Fähre nach Finnland. Noch war Zeit, also machten wir eine kleine Bootsrundfahrt. Aus heiterem Himmel bekam meine Tochter plötzlich Erkältungssymptome mit heftigem Husten. Zum Glück hatte ich meine homöopathischen Mittel griffbereit, nicht aber die dazugehörige Fachliteratur. Als ich noch immer gedanklich damit beschäftigt war, die Schlüsselsymptome abzuwägen, fuhr vor uns ein Boot entlang, auf dessen Heck »LYC« stand. Auch wenn ich später sah, dass dort viele Boote unter dieser Markierung fuhren, dankte ich lachend dem Himmel. Denn Lycopodium (potenzierter Bärlapp, Abkürzung Lyc) hatte ich ohnehin schon in der engsten Auswahl – und es half bestens. Als das Festland in der Dämmerung hinter uns verschwand, war an Husten und Schnupfen kein Gedanke mehr.

Ich ging mit einer Freundin in der Feldmark spazieren. Sie klagte darüber, dass ihr Mann mit ihrer Spiritualität nicht zurechtkomme. Immerhin mache er Fortschritte, aber weder ihre Gaben noch das mediale Potenzial ihrer zwei

Kinder wolle er wahrhaben. Nach einigen Minuten sah ich über uns vier Greifvögel, die gemächlich ihre Kreise zogen und die gute Thermik nutzten, um sich immer weiter nach oben zu »schrauben«. Einer von ihnen flog deutlich unter den anderen dreien.

„Schau doch einmal dort", sagte ich, „alle vier sind unterwegs, ziehen ihre Bahn. Ist es so wichtig, dass sie alle zugleich in einer Höhe unterwegs sind? Auch die drei, die ganz oben fliegen, lassen sich untereinander viel Freiraum. Stören sie sich etwa daran, dass einer aus der Familie gerade erst gestartet ist?" Wir lachten gemeinsam und dankten diesen Vögeln für das Familienbild, das wir so schnell deuten konnten.

Auch in der heilerischen Arbeit erhalte ich manche Hinweise nicht auf medialem Weg, sondern von außen.

Im Verlauf einer Behandlung hörte ich durch das geöffnete Fenster lauthals eine Katze schreien – eher so, wie ich es sonst nur von nächtlichen Auseinandersetzungen unter Katzen kannte. Das war ungewöhnlich. Mensch, die brüllt wie ein Löwe, dachte ich. Da ich gelernt habe, Impulse und Zeichen ohne Bewertung durch den Kopf aufzunehmen, fragte ich den Patienten, ob er oder ein Mensch in seinem Umfeld sich wie ein Löwe verhalte oder im Sternbild Löwe geboren sei. »Klar, meine Lebensgefährtin…«, lautete die erstaunte Antwort. Damit waren wir beim Hauptthema der Behandlung, der angespannten Beziehung.

Eine ganz andere Art hilfreicher Zeichen im Alltag sind solche, die unsere alltäglichen Umstände spürbar stören und uns aus dem Alltagstrott aufrütteln.

Rolf rief mich mit matter Stimme an, um seinen Termin abzusagen. Im Hintergrund war lauter Lärm zu hören. „Wasserrohrbruch in meinem Bad“, stöhnte er. „Heute Morgen passiert. Die hämmern die ganze Wand auf, die Arbeiten können über eine Woche dauern, da sie mehrere Rohrleitungen austauschen müssen. Das Wasser ist auch durch die Wand ins Schlafzimmer gedrungen. Nun muss ich auch noch im Wohnzimmer auf dem Gästebett schlafen und bei meinen Nachbarn duschen. Das geht leider nicht morgens, da sie weitaus später aufstehen als ich, sondern abends. Passt gar nicht, aber was soll ich tun?“ „Du könntest schon was tun“, antwortete ich. „Nämlich hineinfühlen, was in deinem Leben in Fluss kommen sollte.“ „Nicht das schon wieder!“, brüllte Rolf fast in den Hörer. „Wie lange schon erzählst du mir, dass du aus den Geschichten, die du am Abend deinen Kindern erzählst, wenn sie bei dir sind, ein Kinderbuch verfassen willst? Deine Kinder sind jetzt 8 und 10. Wie lange, glaubst du denn, möchten sie noch deine Geschichten anhören? Wenn du es weiter hinausschiebst, fehlt dir diese Stimulation und die wundervolle Möglichkeit, die Wirkung der Geschichten zu überprüfen.“ Rolf legte noch am selben Tag los – trotz des Baulärms!

Erinnere dich selbst: Hat es in deinem Leben schon einmal oder mehrfach Botschaften der bewegenden Elemente Wasser, Luft oder Feuer gebraucht, um dich aus dem Trott zu befördern und das Hinausschieben von Wunscherfüllungen jäh zu beenden?

Selbstvergewisserung

Schöner empfinden wir natürlich die ermutigenden Zeichen oder sogar Zeichen des Dankes. Sie sind zwar offensichtlich, aber oftmals nicht oder schwer als solche zu deuten.

Was hat das schon mit mir zu tun, magst du oft denken: wenn beispielsweise ein doppelter Regenbogen am Himmel erscheint oder du eine Münze findest. Hab doch den Mut, auch diese zufällig wirkenden Dinge als Zeichen zu betrachten. Beziehe sie auf die aktuelle Situation, auf deine Gedanken, Ängste, Zweifel oder Wünsche. Oder nimm die Erscheinung einfach wahr und schau, was zeitnah geschieht.

Auch dazu einige Beispiele aus eigenem Erleben:

In vielen Situationen meines Lebens erschienen und erscheinen eindrucksvolle Regenbögen, meistens doppelte. So im Jahre 2006, kurz nachdem wir auf den Azoren gelandet waren und mit dem Leihwagen auf São Miguel von Ponta Delgada aus den Bergkamm querten. „Willkommen zu Hause“, kam dazu aus der Geistigen Welt. Dazu solltest du wissen, dass man den Azoren nachsagt, die sagenhaften Reste des alten Atlantis zu sein. Am Tag darauf wurden wir an einen unglaublichen Kraftort geführt, an dem sich vor Jahrtausenden das Heilzentrum befand, in dem wir mehrfach wirksam waren. Wir folgten einem zunächst unerklärlichen Impuls, auf eine Nebenstraße abzubiegen, die zu einem kleinen Park führen sollte.

Den Regenbogen kannst du nämlich auch als Sinnbild und Botschaft der 12 Grundenergien des Universums begreifen, der 12 sogenannten Erzengel und ihrem Farbspektrum, das dem Regenbogen entspricht.

Immer wenn ich kleinere Münzen finde, insbesondere 1 oder 2 Cent, werde ich sehr aufmerksam beziehungsweise weiß ich sofort, was ansteht,

oder fühle mich bestätigt. Durch Beobachtung habe ich gelernt, dass mich die 1 auf eine besondere Nähe zum „Chef" und der Geistigen Welt hinweist oder die Bitte beinhaltet, mich damit zu verbinden. Die 2 weist auf besondere „Fenster" in der Beziehung hin. Einmal fand ich in wenigen Minuten insgesamt 12 Cent. Ich dachte an die abendliche Verabredung und war neugierig, wer denn kommen würde. Tatsächlich trafen sich dann 11 Kolleginnen und Kollegen mit mir zu einer denkwürdigen Erdheilung in einer 12er-Runde.
Als wir vor vielen Jahren bewusst mit Erdheilungsarbeiten begannen, nahmen wir uns zuerst überschaubare Bereiche in der Nähe des damaligen Wohnortes vor. Die mediale Wahrnehmung bei diesen Aktionen war sehr intensiv, da wir ja für weitere Schritte geschult wurden. Natürlich blieben die für Anfänger typischen Zweifel, ob wir denn tatsächlich etwas ausrichten konnten.

Am Tag nach der ersten intensiven Aktion brachen wir deshalb zum Spaziergang in das nahe gelegene Wäldchen auf, das Gegenstand unserer Maßnahme war. Es war Sonntagvormittag. Normalerweise waren dann alle Wege voller Spaziergänger, Kinder lärmten und Hunde rannten bellend umher. Doch heute war alles anders – beinahe gespenstisch still, menschenleer. Kaum ließen wir den Waldrand hinter uns, zog wie aus dem Nichts ein gewaltiger Schwarm von Zugvögeln wie eine dichte Wolke über uns herauf und umkreiste uns dreimal mit lautem Geschnatter, um sich dann nach gut fünf Minuten ebenso schnell wieder zu entfernen. Wir wussten, das galt uns und dankten Gaia für diesen wahrhaft wundervollen Dank. Gesagt, getan – und als ob ein Foto im Album ausgetauscht wurde, füllte sich der Wald im Handumdrehen mit den gewohnten Freizeitaktivitäten.

Die nackte Wahrheit

Bist du im Traum schon einmal nackt in der Öffentlichkeit herumgelaufen? Wenn nicht, dann stell dir doch einmal eine solche Situation vor.
Wie hast du dich dabei gefühlt im Traum? Wie ist es abgelaufen? Oder welche Bilder kommen dir, wenn du dir das vorstellst? Was erschreckt dich, was ärgert dich vielleicht – schon bei dem Gedanken daran?
Was aber hat Nacktheit mit Wahrheit zu tun – und was mit deinem Leben? Welche Zeichen werden dir damit gesandt?

Irgendwann in meinen Grundschuljahren beschwerte ich mich bei meinem Vater über einen ungeliebten Lehrer. Er saß schmunzelnd an seinem Zeichenbrett und meinte: „Stell ihn dir doch mal in einer altmodischen Blümchenunterhose vor." Und tatsächlich, bei der nächsten Gelegenheit, als ich diesen Lehrer wieder doof fand, musste ich mich schwer beherrschen, um nicht im Unterricht laut loszulachen.
In seinem grauen Anzug verpackt, sogar mit Schlips geziert, mochte dieser Lehrer Autorität haben – doch in der halblangen Unterhose? Mit dickem, wabbelndem Bauch?!
Freilich, damals genügte mir dieser Grad an Nacktheit, um mir eine andere Erscheinung und damit Wirklichkeit dieses Menschen vorzustellen. In „Wahrheit" also steckt etwas ganz anderes hinter einem Menschen oder einem Sachverhalt, wenn wir ihn uns „nackt" vorstellen. Dann sprechen wir von nackten Tatsachen, ja sogar von der nackten Wahrheit. Nackt heißt doch: blank, bloß, unbedeckt, unverhüllt, ungeschminkt... und in Grenzsituationen unseres Lebens kann es sogar um das nackte Überleben gehen.

Diese Nacktheit magst du fürchten, weil sie dich unverblümt und gnadenlos auf den Boden der Tatsachen holt, ent-täuscht, selbst im Traum aus dem Traum reißt, dich mit Dingen konfrontiert, die du verdrängst oder nicht gerne ansiehst.

Zur Nacktheit haben fast alle Menschen ein gespaltenes Verhältnis. Nackt herumzulaufen ist für überzeugte Nudisten und FKK-Anhänger eines der normalsten, schönsten Lebensgefühle. Andere Menschen ekeln sich allein schon bei der Vorstellung davon. Sie finden es moralisch höchst verwerflich, eine „Erregung öffentlichen Ärgernisses". Doch auch jenseits moralischer Vorbehalte gibt es Menschen, die in Panik geraten bei dem Gedanken, ihren Körper unbekleidet auch nur im kleinsten Kreis selbst befreundeter Menschen zu zeigen. Nur das „Menschentier" (wie Wilhelm Reich es bewusst provokativ und zu Recht nannte) ist auf Erden bekleidet, denn es fühlt sich nicht als Tier, sondern über die Schöpfung erhaben. Den biblischen Sündenfall, seitdem wir mindestens unsere Genitalien zu bedecken haben, können wir auch so interpretieren, dass er den Verlust unseres Bewusstseins kennzeichnet, dass auch wir Teil der Natur, der Schöpfung sind.

Wie auch immer, nackte Wahrheiten provozieren uns. Wir schämen uns ihrer, wollen sie nicht ansehen, nicht wahr-haben, verhüllen unseren Kern, solange wir nicht unsere nackte Haut retten müssen.

Immer wieder erzählten mir Patientinnen und Patienten, dass sie in Träumen oder Wachträumen nackt in der Öffentlichkeit herumliefen. Ihre Reaktion darauf schwankte dann zwischen Verwunderung, Erschrecken und Ratlosigkeit.

Überleg doch einmal, ob es dir selbst im Leben auch schon einmal so ergangen ist, und frag dich, in welchem Zusammenhang das geschah. Welches Ereignis, welches Thema hat diese Situation berührt? An welchen Orten ist das geschehen, welche Menschen kamen vor und wie haben sie reagiert? Wie hast d u dich gefühlt? Worum ging es in der Handlung des Traumes?

Lass mich dir eine Erkenntnishilfe aus eigenem Erleben geben.
Etwa ein Jahr nach meiner Scheidung träumte ich mehrfach von dem Haus, in dem wir vor unserem letzten Umzug viele Jahre zufrieden miteinander gelebt hatten. Der Auszug lag nun fast drei Jahre zurück. Im ersten Traum schon war das Haus beinahe leer, noch aber lagen Sachen von mir herum. Ich hatte das Gefühl, noch nicht aufgeräumt zu haben – in meinem jetzigen Leben.
Beim Aufwachen begann ich mich zu fragen, was mich wohl noch belastete aus der Beziehung, an welchen Gegenständen ich klammerte, die ich getrost loslassen konnte. Ich räumte weiter auf und aus, in mir selbst, in meinem Umfeld.
Damit nicht genug, denn es kam noch eindeutiger: Eines Nachts träumte ich, meine ehemalige Frau und ich seien wieder in dieses Haus eingezogen. Doch ich nahm sie nur wahr wie einen Schatten, auch sie mich nicht wirklich. Das Haus war leer und unwirtlich, teilweise umgebaut. Nichts war dort mehr von dem, was wir einmal besessen hatten. Dann lief ich völlig unbekleidet von einem Wintergarten hinaus in den Garten. Der war nicht wiederzuerkennen: verwildert, unordentlich umgegraben... Irritiert lief ich umher, grübelte darüber nach, warum ich unbekleidet hinausgegangen sei, erschrak, als mich eine Nachbarin ansprach. Diese Nachbarin schien keineswegs wahrzunehmen, was ich um mich herum sah, nicht einmal meine Nacktheit. Sie fragte neugierig, ob wir denn wieder eingezogen und wieder verheiratet seien!

Ich gab keine Antwort. Eigentlich doch nicht?! Und warum bin ich jetzt überhaupt nackt an diesem Ort?
Das sind jene Momente in Träumen, wo wir anfangen, das Geschehen zu reflektieren, die Fiktion des Traumgeschehens zu hinterfragen.
Ich wachte auf und dachte einige Tage darüber nach. Was hatte das zu bedeuten?

Eine Scheidung beispielsweise ist nicht nur das Ende einer Beziehung, ihrer Zusammenhänge und Orte, sondern doch immer auch ein Neuanfang. Damit war ich beim Thema. Natürlich hat Trauer ihre Zeit, die Verarbeitung des Vergangenen, Aufgegebenen. Vielleicht auch Wut, wenn die Trennung schwierig verlief. Aber wie sollte Platz geschaffen werden in meinem neuen Leben, wenn ich noch am Alten hing?

Die nackten Tatsachen waren das leere Haus und der verwilderte Garten, die beide auf die Inbesitznahme und Gestaltung durch ganz andere Menschen warteten. Mein Geist also musste da endlich raus und mir folgen, sich mit mir vereinen.
Etwas Interpretationshilfe erhielt ich von meinen Begleitern in der Geistigen Welt.

„Stell dir doch einfach mal vor, du wärest gestorben, hier oben bei uns gewesen und nun in ein neues Leben wiedergekehrt. Hättest du dann nicht mit allem abgeschlossen, was früher gewesen war, um unbelastet neu zu starten? Manche Trennung im Leben, mancher Wechsel ist doch einer Wiedergeburt vergleichbar. Genau diesen Gedanken erlaube dir einmal selbst. Denn du hast keine Verpflichtung mehr gegenüber dem, was einmal war und jetzt weder ist noch sein soll.“

Lass uns beim Bild der Nacktheit bleiben. Auch du bist nackt gekommen und wirst nackt wieder gehen – egal, wie man deinen toten Körper verpackt. Mehr noch: Du gibst ihn der Erde zurück, lässt ihn hinter dir.
Jeder Abschied ist ein kleiner Tod, sagt man oft. So gesehen kann es in unserem Leben viele solcher kleinen Tode geben. Das können wir verdrängen, oder aber wir lassen diese nackte Wahrheit als Tatsache zu. Dann gibt es auch das, was wir als Anleihe bei der Schlange als „Häutungen" bezeichnen können oder eben als Wiedergeburt.
Jede Wiedergeburt, jeder Wechsel der Haut, bedarf zu Anfang des Bewusstseins der Nacktheit. Was bin ich selbst? Was brauche ich, das heil ist, was wünsche ich mir jetzt, in dieser Zeit, in diesem Leben? Warum bin ich hier? Worin bestand mein Geburtsimpuls und lebe ich ihn?

Gerade wenn du dich trennst oder ein tiefer Wandel in deinem Leben erfolgt, lass die nackte Wahrheit an dich heran, denn nur so gewinnst du Orientierung über deinen Weg, spürst dich selbst in deiner Haut.
Mach dir bewusst: Deine Seele ist ein Teil Gottes, der Quelle. Aber sie ist nicht unvollständig. Sie ist immer ganz, auch wenn du jetzt das Gefühl hast, ein Mensch oder ein Etwas fehle dir. Deine Seelenenergie speist deinen feinstofflichen Körper, die Matrix deines unverwechselbaren Menschseins. Durch Er-Leben des Seins kannst du Anteile binden, an andere Menschen, an Vergangenes. Durch solche Bindungen aller Art „klebt" dein Emotionalkörper an anderen Menschen, an Vorstellungen, Modellen des Seins und verharrt in Gewissensbissen und Ängsten.

Wenn du in Träumen nackt unter Menschen bist und handelst, die aber deine Nacktheit gar nicht zur Kenntnis nehmen, dann gilt die Botschaft auch nur dir.

Fragen für dich:
Schäme ich mich meines Daseins? Warum?
Warum will ich verhüllen, was meinen Kern ausmacht?
Zeige ich mich, wie ich bin oder sein möchte?
Fühle ich mich etwa unvollkommen?
Lenke ich ab von mir selbst?
Bin ich auf der Suche nach einer mich vervollständigenden „Dualseele" in der Hoffnung, so Vollkommenheit und Ausgeglichenheit zu erlangen?
Halte ich mich für ein auf der Erde heimatloses hybrides Wesen? Ein wenig Sternenkind, ein wenig Naturwesen?

Der Illusion und Weltflucht dienen viele Modelle. Dahinter aber steht die Angst vor dem Moment der so wichtigen Erkenntnis, mit dir selbst all-ein zu sein.

Niemand sonst kann dir geben, was allein du „besitzt": dich selbst. Mehr kannst du nicht haben oder besitzen. Deshalb sei du selbst – und finde dich selbst, indem du deine nackten Wahrheiten betrachtest und ihre Botschaften nutzt. Das ist „Seelen-Rückholung" im eigentlichen Sinne einer beliebten schamanischen Technik: Befreien überflüssig gewordener Bindungen deiner eigenen Seelenenergie an andere und anderes.

Kapitel 4 – Tiere

Tiere in deinem Umfeld

Liebst du Tiere? Lebst du mit Tieren zusammen? Oder tun es Mitglieder deiner Familie, Menschen in deinem Umfeld? Hunde, Katzen, Vögel, Pferde und manch andere, auch eher ungewöhnlichere Tierarten begleiten viele von uns auf ihrem Weg. Aber lies das Kapitel ruhig auch dann, wenn du Tieren nur auf Spaziergängen, Wanderungen oder virtuell in Träumen begegnest; auch durch sie erhältst du Zeichen.

Leider ist unsere Beziehung zu Tieren und die Rolle, die wir ihnen in unserem Leben zuweisen, eher selten von bedingungsloser Liebe geprägt, als vielmehr oft sogar hoch problematisch. In unseren Vorstellungen und Erwartungen sind wir schnell so voreingenommen, dass wir genau das, was uns Tiere zeigen oder sagen möchten, was sie uns spiegeln, nicht erkennen. Grund genug, nun zusammen und aufmerksam hinzuschauen. Auf viele wichtige Aspekte der Tierhaltung kann ich hier nicht eingehen, beispielsweise auf die oft auch in Familien kontroversen Ansichten darüber, ob man das ersehnte Lieblingstier aus teurer Zucht, mehr oder minder traumatisiert aus dem Tierheim oder aus dem Ausland holen sollte. Denn auch hier geht es vorrangig um das, was Tiere uns an Botschaften übermitteln.

Mach dir bewusst: Tiere sind weitaus offener, ehrlicher und konsequenter als Menschen, wenn es darum geht, Energien des Umfeldes oder bei anderen Lebewesen wahrzunehmen. Wenn es um ihr eigenes Wohl geht, folgen sie bedingungslos ihrem Gespür – solange wir das zulassen oder sie sich gegen unseren Willen behaupten können. Im

Unterschied dazu ist unser vom Ego geleiteter Wille keineswegs immer eine Folge von entspannter Wahrnehmung. Damit sind Konflikte vorprogrammiert.

Grundsätzlich unterteile ich die Zeichen-Botschaften, die Tiere dir senden, in zwei Kategorien:
Erstens haben Tiere ein herausragendes Gespür für die Qualität der Energien ihres Lebensumfeldes, zweitens für das Energiefeld und den damit verbundenen Charakter der Menschen, denen sie begegnen sowie auch für deren Gesundheitszustand.
Beginnen wir mit dem famosen Gespür von Tieren für den energetischen Zustand ihres Aufenthaltsortes. Bei diesem Thema geht es freilich nicht vorrangig um deine personenbezogenen Entscheidungen in bestimmten Situationen. Aber ist die gesunde Lebensgrundlage dort, wo du dich aufhältst, nicht ebenso wichtig? Und natürlich auch dort, wo sich deine Tiere befinden?

Was das energetische Gespür von Tieren für ihr Umfeld betrifft, denke ich an eines meiner spannendsten Erlebnisse. Da rief mich spätabends verzweifelt ein befreundeter Rutengänger an. Vor einiger Zeit hatte er die Pferdeweiden einer Nachbarin entstört. Nun sollten die Herde auf die Winterweide mit Stallgebäude wechseln, weigerte sich aber standhaft jetzt schon gegen den dritten Versuch, die wenigen hundert Meter zurückzulegen. Warum bloß? Denn auch den Weg dorthin hatte mein Freund wirksam entstört. Daran konnte es also nicht liegen. Da wir uns ohnehin mal wieder treffen wollten, verabredeten wir uns kurzerhand vor Ort. Dort maß ich das Energiepotenzial auf beiden Weiden und fragte lachend meinen Freund, wo er sich selbst denn wohler fühle. „Na, eindeutig auf der Sommerweide“, gab er ohne Umschweife, aber doch irritiert zu. So war es auch. Beide

Flächen waren gut entstört, aber auf der Sommerweide hatten sich nach seinen Maßnahmen Erdchakren gebildet, aus Bündelungen von Erdmeridianen geschaffene Kraftpunkte, die dem Stoffwechsel im Energiesystem der Erde dienen. Mit der Folge, dass dort ein ungleich höheres Energiepotenzial herrschte. Warum also und wodurch sollten Pferde sich nötigen lassen, diese »Hochenergie-Weide« einzutauschen? Ich hob die Energie der Winterweide durch geomantische Energielenkungen an – noch am selben Tag gelang der Umzug der Pferde problemlos. Der „energetische Hafersack" tat Wunder.

Wollen wir derartige, scheinbar unergründliche Verhaltensweisen von Tieren verstehen, liegen die Gründe fast ausschließlich in ihrem herausragenden Gespür für die Qualität von Energien. Eine industrielle Landwirtschaft mit Massentierhaltung schert sich wenig um solche Gefühle – auch dann nicht, wenn es zu Katastrophen führt.

Das wurde mir vor Augen geführt, als ein völlig aufgelöstes Ehepaar mich weinend bat, ihre Hühneraufzucht im neuen Großstall geomantisch zu begutachten. Innerhalb nur weniger Wochen waren dort Tausende von Küken wenige Stunden nach dem Aussetzen tot umgefallen. Nun drohte aufgrund immer neuer Ersatzbeschaffungen der finanzielle Ruin. Im Stall herrschte eine grausame Energie. Ich zeigte auf eine Zone fast in der Mitte des Gebäudes und fragte den Landwirt, ob ihm schon aufgefallen sei, dass die Tiere versuchten, sich von dort fernzuhalten und auf andere Bereiche auszuweichen – was ihnen natürlich wegen des dichten Besatzes kaum gelingen konnte. Er schüttelte bedenklich den Kopf, besann sich und stieß dann plötzlich hervor: „Jetzt, wo Sie das sagen – die meisten Küken sterben immer genau in dem von Ihnen beschriebenen Bereich! Aber warum?!" Ich murmelte „Radioaktivität" und machte mich an die Entstörung. Die Energie veränderte sich spürbar, geradezu schlagartig, und das Massensterben hatte ein Ende. Auch meine Auftraggeber spürten die veränderte Energie. Ihnen wurde im Nachhinein bewusst, wie gestresst sie stets aus diesem Stallgebäude ins etwas entfernter gelegene Wohnhaus zurückgekehrt waren.

In Räumen, die eine Nutzungsänderung erfahren, können sich Emotionen ebenso halten wie auch erdgebundene Seelen: nicht nur von Menschen, sondern eben auch von Tieren:

Eine Tierärztin war mit ihrer Praxis umgezogen und beklagte sich darüber, dass die zur Behandlung gebrachten Tiere über alle Maßen panisch und aggressiv reagierten, sobald sie in das Gebäude gebracht würden. Das gehe über jede Angstreaktion hinaus, die ja verständlich sei, schrieb sie mir. Auf Rückfrage erfuhr ich, dass sich die neuen Praxisräume auf dem Gelände eines einige Jahre zuvor aufgegebenen Schlachthofes befanden. Im nicht entstörten Zustand nahmen die Tiere alle erdenklichen Emotionen wahr, die dort jahrzehntelang eingewirkt hatten. An entspanntes Behandeln war nicht zu denken. Aber das änderte sich, nachdem ich das gesamte Gelände entstört und energetisiert hatte.

Weitere ebenso drastische Beispiele erspare ich dir. Was kannst du daraus lernen? Ganz grundsätzlich kann ich dir ans Herz legen, Tiere aufmerksam zu beobachten, ganz gleich, ob es die eigenen sind, die Haus- oder Nutztiere anderer Menschen oder auch Wildtiere in der Umgebung. Denn wir Menschen sind meisterlich im Verdrängen noch so gruseliger Energien. Solange wir können, suchen wir nach kopfgesteuerten Erklärungen für Phänomene, die an unserer Gesundheit nagen, manche Tiere aber oft unverzüglich das Leben kosten oder heftigen Stress bereiten. Solche Erlebnisse, von denen ich hier nur einige geschildert habe, machen mir immer wieder bewusst, dass wir Menschen es kollektiv verlernt haben, auf die Energien unseres Umfeldes zu achten, Störungen zu erkennen und zu beseitigen, aber umgekehrt auch Kraftorte zu entdecken. Denn auch auf solche können Tiere uns aufmerksam machen.

Ungeachtet der Tatsache, dass ich fast alles entstören und energetisieren kann, finde ich keinerlei Vergnügen daran, Fehlentwicklungen und Raubbau ermöglichen zu helfen. Darum sei an dieser Stelle unmissverständlich gesagt: Weder Massentierhaltung noch die Massenbaumhaltung auf vielen unserer Obstplantagen passen noch in unsere Zeit. Ökologisch denkende Menschen mögen dem zustimmen, aber auch ihr Problembewusstsein ist vielfach weit entfernt von der spirituellen Dimension, die eine sensitive Wahrnehmung von Energiefeldern ermöglicht. Das war keineswegs immer so, wie ein einfaches Beispiel der Symbiose zwischen Mensch und Tier zeigt:

Früher schickte man Kühe auf ein Gelände, bevor die Auswahl für einen Bauplatz konkretisiert wurde. Stellen, welche die Kühe mieden, schieden aus, man entschied sich für ihre bevorzugten Aufenthaltsorte. Wie zum Beweis gilt auch umgekehrt: Wenn ich heute landwirtschaftliche Flächen entstört habe, ändert sich augenblicklich das Verhalten der Tiere. Stellen, die sie jahrelang gemieden haben, betreten sie bereits wenige Minuten nach der Maßnahme.

Haustiere, aber – wie das obige Beispiel zeigt – gerade auch Pferde nehmen sehr gut die Qualität von Energien wahr. Dabei kann es sich um Störfelder in der Erde handeln (etwa linksdrehende Wasseradern oder Verwerfungen) oder um Energiefelder mit negativer, abstoßender oder gar angreifender Wirkung. Katzen und Hunde starren manchmal in eine bestimmte Richtung, Pferde fühlen sich unwohl in bestimmten Ställen oder Koppeln und scheuen beim Ausritt immer an derselben Stelle. Katzen ruhen und schlafen gerne auf Störfeldern, da sie diese kompensieren können, Hunde meiden nach Möglichkeit schlechtere Energien.

Tiere können dir also zeigen, wo sich gute oder schlechte Plätze befinden. Nicht nur das: Sie können dich auch trainieren, deine eigene Energiewahrnehmung zu entdecken und dir eigene Reaktionen, Vorlieben und Abneigungen bewusst zu machen, die damit zusammenhängen.

Fragen für dich:
Gibt es Orte in Haus und Garten, an denen ich mich sehr gerne aufhalte, wo ich das Gefühl habe, ich werde gestärkt?
Umgekehrt Orte, die ich (bisher vielleicht sogar unbewusst) meide, mir das aber gar nicht rational erklären kann? Stühle oder Sessel, die doch eigentlich gut stehen, aber ich setze mich trotzdem nicht auf sie?
Welche Plätze meiden oder bevorzugen Tiere, die sich in meinem Haushalt / auf meinem Grundstück frei bewegen können? Fühl dich dort einmal ganz bewusst und entspannt ein.
Schlafe ich gut und bin ausgeruht, voller Tatkraft beim Aufstehen? Oder bin ich auch nach neun Stunden Schlaf noch immer müde?
Oder schlafe ich unruhig und wache unausgeschlafen auf?
Fühle ich mich grundsätzlich besser, wenn ich auf Reisen bin, also für mindestens mehrere Tage mein Haus / meine Wohnung verlasse?
Was geschieht bei meinen Spaziergängen, Ausritten oder Wanderungen: Weichen die mich begleitenden Tiere bestimmten Stellen aus oder scheuen sie?
Starrt meine Katze / mein Hund oft angespannt oder erschrocken in eine bestimmte Richtung, maunzt beziehungsweise bellt aufgeregt, ohne dass ich dort etwas wahrnehme?

Gibt es Stress im Gartenteich oder im Fischbassin? Sind die Fische auffallend aggressiv untereinander oder halten sich nicht lange?
Halten sich Wildvögel gerne am Haus und auf dem Grundstück auf und brüten dort? Gibt es Bereiche, die sie meiden?

Auffälligkeiten, auf die sich all solche Fragen beziehen, haben immer mit der Qualität von Energiefeldern zu tun, mit Energie abziehenden oder umgekehrt Energie spendenden Flächen oder Zonen. All das kann Auswirkungen haben auf deinen Schlaf, dein Wohlbefinden, deine Gesundheit, deine Stimmung. Beobachte das Verhalten der Tiere in deiner Umgebung und du kannst wichtige Rückschlüsse ziehen. Tiere sind diesbezüglich Lehrmeister deiner Wahrnehmung[1]. Übrigens haben auch deine kleineren Kinder die natürliche Gabe, solche Energien und Felder zu unterscheiden. Ich komme darauf noch zurück.

Lass uns nun schauen, welche Botschaften Tiere dir zu deinen Lebensthemen senden können.

Wenn du mit Tieren partnerschaftlich und wertschätzend umgehst, wirst du schnell lernen, dir ihre Sensitivität und Beobachtungsgabe auch bezüglich deines Verhaltens und deiner Stimmungen zunutze zu machen. Dann erhältst du überraschende Antworten auf Fragen, die du dir bisher entweder noch gar nicht gestellt oder die du mit eher bedeutungslosen Aspekten verknüpft hast. Es kann ein lehrreiches Wechselspiel entstehen, wenn du bereit dazu bist, dich Fragestellungen und Energien zu öffnen, die du bis jetzt nicht zugelassen hast.

Vielleicht gehen wir schrittweise vor. Denk einmal nach, was dir deine Haustiere oder auch Nutztiere alltäglich zeigen und „sagen“. Haben sie nicht ihre Sprache durch Laute oder auffällige Verhaltensweisen, wenn sie dir deutlich machen, dass sie Hunger haben oder spielen wollen? Diese Zeichen sind dir gewiss vertraut. Mach sie dir dennoch einmal bewusst, weil du vielleicht gar nicht über euer gewohntes Miteinander nachdenkst.

Doch auch über Gewohntes hinaus reagieren Tiere auffallend und sehr unterschiedlich auf Menschen, auf Energien und die Qualität von Vorkommnissen. Denk einmal nach, ob es in Verbindung damit schon besondere Situationen gab. Mag dein Hund oder deine Katze bestimmte Menschen nicht, andere aber besonders gerne? Fragst du dich, warum das so ist? Das Verhalten deiner Lieblinge hat nicht zwingend etwas damit zu tun, ob ein anderer Mensch „tierlieb“ ist oder nicht oder dies vielleicht nur vorgibt. Tiere nehmen mit ihren Sinnen früher und sensibler wahr als wir Menschen, wenn etwas nicht stimmig ist oder sich anbahnt. Schenke ihren Reaktionen bewusster Aufmerksamkeit, und du kannst viel erkennen. Manch eine unangenehme Erfahrung bleibt dir vermutlich erspart, wenn du dir der Fühligkeit von Tieren auch auf dieser Ebene bewusst bist und sie zum Gegenstand deiner Reflexion über Beziehungen und Entscheidungen machst.

Du fragst dich, wie ich das konkret meine? Nimm doch mal die Reaktion deiner Tiere auf bestimmte Menschen und Situationen zum Anlass zu fühlen, was diese selbst mit dir tun. Bereitet dir das Zusammensein mit diesen Menschen Freude? Gehst du ermutigt und gekräftigt aus den Begegnungen hervor, fühlst dich verstanden und gesehen? Oder atmest du auf, wenn eine Person sich verabschiedet hat, fühlst dich ausgelaugt, genervt, eher benutzt? Wie oft berichten mir Menschen von „Energiesaugern“ in ihrem Freundeskreis und schauen mich verdutzt an, wenn ich frage, ob solche Nervensägen die Bezeichnung „Freund“ oder „Freundin“ wirklich verdienten und ob es nicht konsequent wäre, Abstand von ihnen zu nehmen? Egal, wie lange man sich kennt – unsere Wege können sich ändern und damit auch trennen. Manche Menschen nehmen Rat und Hilfe an, zeigen sich dankbar, andere sind Meistersinger in Klageliedern, genießen sich in der Opferrolle. Wie geht es dir mit solchen Situationen? Und was spiegeln dir deine Tiere?

Nicht immer, aber in vielen Fällen solltest du das zum Anlass nehmen, über die Beziehung zu bestimmten Menschen in deinem Umfeld nachzudenken.

Eine verzerrte Wahrnehmung ist leider dann vorgezeichnet, wenn wir Tiere als Projektionsfläche unserer seelischen und körperlichen Leiden missbrauchen. Ich weiß, dass der Vorwurf des Missbrauchs ihrer Lieblinge die meisten von ihnen hart trifft und sie ihn als kränkend und beleidigend empfinden. Leider ist es schwer, den Nachweis im eigenen Erleben zu führen und so eine Änderung zu ermöglichen.

Das gelang mir bei einer Frau, die mich bat, nach ihrer Katze zu sehen. Diese habe Probleme im Unterleib, der Tierarzt sei sehr besorgt. Als ich zu ihr kam, empfing mich ein wahrer Katzenzoo, der mir kaum die Möglichkeiten bot, mich auf das Thema zu konzentrieren. Die Frau war dauernd abgelenkt, die Katzen tanzten ihr sichtlich auf der Nase herum und das offenbar Tag und Nacht. An Ausgehen und Reisen sei natürlich nicht zu denken, gab sie zu. Doch sie liebe eben ihre Katzen, denn die hätten ihr in der Zeit nach der Ehescheidung so wunderbar geholfen. Noch heute finde sie Trost und Halt durch die Gegenwart ihrer Katzen.

Ihre Lieblingskatze war ruhiger. Sie spiegelte ihr auffallend die Themen, auch körperlich. „Was ist denn mit Ihrem eigenen Unterleib?", fragte ich und sprach die Symptome an, die ich bei der Frau spürte. Sie vergoss einige Tränen und bat mich, sie zu behandeln. Als ich die Hände auf die entsprechenden Stellen im Unterleib hielt und Energie gab, kam ihre Lieblingskatze dazu und legte ihre Vorderpfoten auf die Chakren-Öffnungen in der

Mitte meiner Handoberflächen. Sie wurden warm, fast heiß. Sie heilte mit mir gemeinsam und ging erst, als ich gerade das Gefühl hatte, es sei für heute genug. Dieses Erlebnis ging der Frau sehr nahe. Es dauerte einige Monate, aber sie hatte beschlossen, Wege aus ihrer Trauer zu finden, sich dem Leben wieder zu öffnen, sich selbst und ihre Katzen freizugeben aus dem Gefängnis der verletzten Seele.

Ja, Tiere lieben uns – so sehr, dass sie mit uns leiden und versuchen, uns alles Negative abzunehmen, unsere Krankheiten auch körperlich spiegeln. Ist es da nicht besser, ihre Zeichen frühzeitig wahrzunehmen und unsere eigenen Themen anzugehen? Mach dir und vielleicht auch anderen Menschen klar: Dein Umgang mit Menschen und mit Tieren ist stets ein Spiegel deiner eigenen Seele. Wenn du deine Einsamkeit, deine eigenen ungelösten Probleme, Ängste, Aggressionen und unerfüllten Wünsche auf Tiere projizierst, die von dir abhängig sind, dann setzt du Zeichen, weil du dir die Liebe zu erkaufen versuchst, die du dir selbst verweigerst. Du meinst, das Tier liebe dich und sei dankbar. Natürlich, denn es hat Hunger und du gibst ihm Futter. Du bist in deiner Verblendung aber nicht fähig dazu, das Leiden des Tieres zu deuten.

Botschaften von Wildtieren

Tiere begleiten uns Menschen von jeher, keineswegs nur als „Nutztiere“. Oftmals sind schon diejenigen Tiere, die uns im täglichen Leben nahe sind, Spiegel unseres Verhaltens – bis hin zu ihren Marotten und Erkrankungen. Manche Menschen erlernen „Tierkommunikation“, andere mit medialer Begabung verstehen Botschaften der Tiere ohnehin.

Nur allzu gerne titulieren wir Menschen mit tierischen Vergleichen. Wir verhalten uns wie ein Party-Löwe, ein Kampfhahn oder ein Angsthase, schauen wild wie ein Stier oder werden wütend zum Elch, sind falsch wie eine Katze oder auf den Hund gekommen, werden tituliert als Ochse oder Rindvieh.

Doch davon schreibe ich hier nicht mit Verlaub. Vielmehr geht es wieder um Zeichen als Botschaften, die wir eher einmalig und zu bestimmten Anlässen durch das Auftauchen von Tieren erhalten. Auch wenn du selbst keine Tiere hältst, können freilebende Tiere oder solche aus der Umgebung dich mit ihren Zeichen sensibilisieren für dein Handeln und dein Wohnumfeld. Sie sind Spiegel deiner Seele – sofern du hineinschaust. Sie können dir ebenso Zeichen geben in Wald und Flur. Frag dich einmal, ob du vielleicht nicht sogar unbewusst mit dem Erscheinen bestimmter Tiere bestimmte Gedanken und Signale verbindest, ob diese für dich nun sinnvoll sind oder nicht.

Bei mir sind es oft Vögel. Zu ihnen habe ich seit meiner Kindheit gerne Kontakt. Krähen zeigen mir, dass ich auf dem Weg bin und mich sicher fühlen kann, beispielsweise auf langen Reisen. Auch ihre Anzahl ist manchmal ein wichtiger Hinweis. Wenn sie im Schwarm kommen und lärmen, dann sinne ich allerdings besser darüber nach, wo ich mich mal schnellstens „erden" sollte. Manchmal, wenn ich mir in Wald und Flur unsicher bin, welchen Weg ich einschlagen soll, leitet mich der Schrei eines Greifvogels oder eines Eichelhähers. Dann folge ich der Richtung, in der sie fliegen.

Ein ganz herausragendes Erlebnis mit einem Vogel hatte ich 2004 in Irland. Es geschah im Juni, der schönsten Jahreszeit, die wir gerne auf der grünen Insel verbrachten. Diesmal hatten wir uns ein schlichtes Häuschen auf der Renvyle-Halbinsel in der wundervollen Grafschaft Connemara ge-

wählt. Die wahrhaft mystische Umgebung sollte mir auch dabei helfen, meine Entscheidung zu festigen, eine Heilerpraxis zu eröffnen. Wenige Monate zuvor war ja das Geistige Heilen in Deutschland als freie Berufswahl anerkannt worden, und ich hatte spontan beschlossen, meine Unternehmensberatung in Kürze aufzugeben. Erste Behandlungen verliefen ermutigend, immer mehr Menschen fanden den Weg zu mir.

Hier am wilden Atlantik, zwischen Mooren, saftigen Weiden, beeindruckenden Fuchsienhecken, geheimnisvollen Steinsetzungen, Ruinen und heiligen Quellen wollte ich noch einmal tief hineinfühlen. Doch im Grunde war der berufliche Wechsel schon beschlossene Sache. Wir verabredeten uns mit einem in der Nähe wohnenden Reiki-Meister, behandelten einander, suchten gemeinsam Kraftorte auf im Nationalpark oder auf verwunschenen Inseln im Watt, bespritzt von unten mit Schlick, von oben durchnässt vom täglichen Gastspiel des Nieselregens. Dann saßen wir in der Abendsonne auf der Terrasse. Meine Tochter und ich behandelten die versammelten Hunde aus den Nachbarhäusern, bei denen sich die wohltuende Energie unserer Hände offenbar herumgebellt hatte.

Oft, wenn ich die Augen schloss, gleich ob bei Tag oder bei Nacht, sah ich orangefarbenes Licht. Vielleicht kam das auch über das Dritte Auge, das Chakra über der Nasenwurzel, mit dem ich seit Wiederaufleben meiner Medialität so viele Bilder bekam. Ich wusste, dass diese Energie bestätigend und unterstützend auftrat, wenn Menschen einen Entschluss gefasst hatten und freudig die Schwelle zur Umsetzung überschritten. Auf die Quelle und Bedeutung dieser kosmischen Energien lass mich später zurückkommen. Ich bleibe hier bei der Tierwelt.

An einem sonnigen Morgen beschlossen meine damalige Frau und meine Tochter, sich in einem Handwerkszentrum umzuschauen. Ich setzte mich etwas abseits vom Touristenschwarm auf eine alte Holzbank inmitten einer Wiese und schloss die Augen zu einer kleinen Meditation. Ich fühlte tiefe

Freude mit mir, meinem Plan und Frieden mit der Welt um mich herum, hörte nicht auf das Stimmengewirr in der Nähe.

„Hey, look! You have a friend!" Ich wurde aufmerksam. Eine angenehme, freundliche Frauenstimme wiederholte mehrfach diesen Satz, nicht aufdringlich, aber auffordernd. Galt das etwa mir? Im selben Moment gewahrte ich ein seltsames Kribbeln auf meinem linken Knie. Vorsichtig öffnete ich einen Spalt weit die Augen. Blinzelnd sah ich zunächst einige Meter vor mir in das lachende Gesicht dieser jungen Frau mit langem schwarzen Haar, umgeben von ihrer vielköpfigen irischen Familie, schweigend, lächelnd die Blicke auf mein linkes Knie gerichtet.

Da saß es: das Rotkehlchen. zumeist unbewegt, ab und zu einmal leicht trippelnd die Position korrigierend … Mich durchfuhr ein warmer Strahl Herzensenergie, aber ich bewegte mich nicht und fixierte diesen winzigen Vogel, der sich ebenso vertrauensvoll und wie selbstverständlich diesen Platz zum Verweilen ausgesucht hatte. Die Familie vor mir entfernte sich behutsam nach einigen Minuten, einfühlsam lächelnd und vorsichtig winkend.

„Oh ja, in der Tat. Ich habe einen Freund", dachte ich bei mir.

Plötzlich neigte das Rotkehlchen den Kopf, sprang mit einem Satz gut einen Meter weit hinunter ins hohe Gras, schnappte sich eine im proportionalen Vergleich riesige Raupe, kehrte umgehend mit dieser Beute auf mein linkes Knie zurück und verschlang sie in Sekundenschnelle. Eine Weile noch saßen wir gemeinsam friedlich da.

Es mochten gut 15 Minuten verstrichen sein, als das Rotkehlchen plötzlich davonflatterte. Da erst bemerkte ich auch, dass meine Frau und meine Tochter die Szenerie von der Seite beobachtet hatten. Wir waren tief bewegt und sprachen den ganzen Tag immer wieder von dem kleinen gefiederten Gast auf meinem Knie.

Natürlich dachte ich weiter über die Botschaft des kleinen Gesellen nach. Sicherlich, da war ja auch wieder jenes Orange, das ich seit Tagen vor mir sah. Zunächst begriff ich es als zusätzlichen ermutigenden Gruß der Natur an der Schwelle meiner Neuorientierung, zumal ja auch die Heilung der Erde darin schon eine wichtige Rolle spielte. Dann aber erinnerte ich mich daran, dass dieser Vogel in der Mythologie nicht nur als Glücksbote fungiert (vorzugsweise in Träumen), sondern vor allem für Abschied und Loslassen steht. Was sollte das für mich bedeuten?
Ich sann nach, betrachtete aus dem Abstand des Urlaubs meine aktuelle Situation. Dann dämmerte mir, dass der Neuanfang vielleicht doch noch zu sehr überschattet sein könnte durch die alten beruflichen Zusammenhänge. Hatte ich denn schon konsequent mit der Unternehmensberatung abgeschlossen? Nein, eben noch nicht! Im Gegenteil, da hatte ich doch kürzlich sogar begonnen, mit einigen Kolleginnen und Kollegen über die Gründung einer neuen Firma nachzudenken. Mochte das Konzept noch so innovativ sein – das passte nicht mehr in mein neues Leben. Also schrieb ich eine E-Mail an die Gruppe und verabschiedete mich herzlich dankend aus dem Projekt. Welche Erleichterung!

Zu diesem Schritt und auch weiteren, die in den kommenden Wochen noch folgten, ermutigte mich nicht zuletzt der Speisezettel des Rotkehlchens. Es war doch mehr als auffällig – also auch nicht zufällig –, dass es auf meinem Knie eine fette Raupe verschlang. Eine verspeiste Raupe aber konnte sich nicht mehr in einen Schmetterling verwandeln, keine Transformation in ein flatterndes, für Freiheit stehendes Wesen erleben. Da wurde mir bewusst, dass ich erst jetzt die gemeinschaftliche Botschaft beider Tiere wirklich verstanden hatte.

Im Volksglauben gibt es oft festgelegte Interpretationen, welche Bedeutung in einer Begegnung mit einem ganz bestimmten Tier liegen und welche Folgen das haben soll. Der Ruf einer Eule zu einer bestimmten Zeit kündigt demnach den Tod eines Menschen an. Da sie sich markant von anderen Vögeln unterscheidet, galt (oder gilt) sie in vielfältiger Weise als Unglücksbotin – anderen wiederum als Vogel der Weisheit (weshalb man bekanntlich sprichwörtlich keine Eulen nach Athen tragen musste). Ob sich solche Glaubensmuster nun bewahrheiten oder nicht, ihnen gegenüber ist doch äußerste Vorsicht angebracht. Denn in einem von Ängsten geprägten Umgang mit Zeichen jedweder Art sehe ich nicht gerade eine Bereicherung meines und deines Lebens.

Zu ganz erstaunlichen Verhaltensweisen sind Bienen in der Lage. Vor einigen Jahren begleitete ich Freunde in ihrem Bestreben, Bienenzucht ohne Chemie zu betreiben. Dabei gab und gibt es Erfolge und Misserfolge. Letztere rühren daher, dass es immer wieder mal energetische Bedrohungen für die fünf damaligen Bienenvölker gab. Meistens gaben unsere Freunde mir die Nachricht, wenn sie eine Bedrohung bemerkten, damit ich per Fernbehandlung eingreifen konnte. Einmal aber schienen sie eine akute Gefahrenlage nicht bemerkt zu haben.

An jenem Nachmittag lagen meine Frau und ich entspannt an einem naturnahen Badesee. Dort gibt es Libellen, Schlangen, Eisvögel – und natürlich Mücken oder Wespen. Niemals aber begegneten wir dort in vielen Jahren auch nur einer einzigen Biene. Umso erstaunter waren wir, als plötzlich eine einsame Biene einen Kreis um uns zog. Sie landete gezielt auf einer noch ungeöffneten Zigarettenschachtel und machte sich wundersam auffällig an der Folie des Verschlusses zu schaffen, unablässig und unbeeindruckt durch unsere Bewegungen. An den Tabak wollte sie wohl kaum – aber was sonst? Worauf wollte sie uns aufmerksam machen? Zeitgleich kam uns die Erleuchtung, und wir riefen: „Die Bienenstöcke!" Ich fühlte mich hinein. Schon kribbelte es und ich zog eine negative Energie ab, die sich dort gesammelt haben musste. Unverzüglich hob die Biene wieder ab, umkreiste uns erneut in ruhigem Flug, setzte sich noch kurz auf ein Bein meiner Frau und verschwand. Nie wieder sahen wir seitdem an diesem See eine Biene.

Als wir später telefonisch bei unseren Freunden nachfragten, stellte sich heraus, dass die Bienenstöcke zu diesem Zeitpunkt von einem wildernden Wespenschwarm angegriffen worden waren. Sie hatten das bemerkt, aber konnten uns nicht erreichen. Zu ihrer Verwunderung aber waren die Wespen plötzlich abgezogen

Was Krafttiere bedeuten

Vielleicht runzelst du ja die Stirn bei dieser Überschrift und denkst unwillkürlich an das Bild tanzender indigener Menschen in Bärenfelle gehüllt und geschmückt mit Adlerfedern? Stimmt schon, es ist ein uralter Brauch vieler alter Kulturen, sich mit „fremden Federn" zu schmücken, die Kräfte und Wesenszüge von Tieren zu nutzen, uns selbst Weisheit, Mut und Kraft bei ihnen zu „borgen", uns also mental zu kräftigen. Nur uralt? Keineswegs! Ich war überrascht zu lernen, dass auch ganz moderne Methoden des Mentaltrainings auf solche Anleihen bei bestimmten Tieren zurückgreifen, um körperliche und psychische Effekte zu erzielen. Natürlich lassen diese dich nicht in das Gefieder eines Perlhuhns schlüpfen. Aber wenn du gerade Lust verspürst zu einem kleinen Experiment, dann versuch es doch selbst:

Stell dir vor, du möchtest die Dinge aus der Distanz betrachten, dich über sie erheben und sie dennoch genauestens beobachten, unter

Kontrolle behalten, um im richtigen Moment zuzugreifen. Ohne Anspannung, getragen von der Luft und breiten Federschwingen: Was liegt da näher, als dir vorzustellen, du seiest ein über Berg und Tal kreisender Adler? Stell dich mit geschlossenen Augen hin, breite die Arme aus und sinke in deiner Vorstellung ein in dieses Bild, in die Gefühle der Gelassenheit und Sicherheit, die es in dir auslöst. Was macht es mit dir?

Ebenso „majestätisch" wie als Adler kannst du dich am Boden auch als Löwe erleben. Fühl dich ein in die Gestalt des im Gras ruhenden Herdenchefs, umgeben von der Großfamilie, herumtollendem Nachwuchs. Musst du immer tätig sein und etwas unternehmen, um die Kontrolle zu behalten? Oder wie fühlt es sich an zu erspüren, was es bedeutet, dass die Kraft eben in der Ruhe liege?

Umgekehrt: Wenn du die kraftvolle Spannung deines Körpers ausloten oder stärken möchtest, dann begib dich in deiner Vorstellung in den Körper des schwarzen Panthers. Mach dir seine auf Hochleistung getrimmte Muskulatur zu eigen, die ihn zu ungeheurer Schnelligkeit und Wendigkeit befähigt.

Gelingt dir das? Dann kannst du erahnen, dass der Begriff des „Krafttieres" doch Sinn ergeben könnte, weil besonders ausgeprägte Eigenschaften von Tieren uns auf diese Weise helfen können, sie bei uns selbst zu entwickeln und zu festigen.

Wenn du Vertrauen gewonnen hast, begleite mich nun auf einem Ausflug in die Welt der Schamanen.

Ein lauer Sommerabend. Unsere Seminarsitzung ist beendet, das Abendessen eingenommen. Was nun? „Wie wäre es mit einer Trommelreise?", schlägt einer der Teilnehmer vor. Wenig später knistert ein Feuer. Wir setzen uns im Kreis auf Decken und Bänken darum herum und schließen die Augen. Auf drei Trommeln dröhnen die Schläge, immer schneller werden sie, bis ein Trancezustand nicht nur die Trommler, sondern auch die ganze Gruppe erfasst. Ich weiß, bei allen, die sich jetzt hingeben können, werden Bilder erscheinen, fast immer Tiere, Botschaften, kleine Filme. Sie sind beliebt, diese „schamanischen" Reisen, werden manchmal auch mit Respekt und Erregung erwartet, da uns durchaus Überraschungen erwarten können – Zeichen eben, die wir nicht erahnen, die uns konfrontieren können mit blinden Flecken, aber auch ermutigen, wichtige Schritte zu tun oder Klarheit zu gewinnen.

Was wird heute bei mir geschehen? Aus dem Rot des vor mir lodernden Feuers, das durch meine geschlossenen Augen dringt, krabbelt ein Krokodil heran, das mich aus feurig roten Augen ruhig betrachtet. Unwohlsein macht sich in mir breit. Was soll denn das? Ich atme tief und denke an diese blitzschnell zuschnappenden Ungeheuer. Das Krokodil bleibt, bis das Trommeln wieder verstummt. Langsam und etwas irritiert komme ich zurück in den Kreis. Wir beginnen uns über die Erlebnisse auszutauschen und die Tierbegegnungen zu deuten. Einer meiner Freunde lacht: „Keine Angst, ist nicht so schlimm, wie du befürchtest. Lies einmal nach." In der Tat liegt die Botschaft jenseits der angstbesetzten Assoziationen, zu denen wir bei solchen Innenreisen oder Träumen schnell neigen.

Freilich gibt es Deutungen, wo das Erscheinen eines Krokodils dich darauf hinweist, dass eine Auseinandersetzung bevorsteht und du dich mit ganzer Kraft und Entschiedenheit darauf einstellen solltest. Doch geht es in diesen Deutungstraditionen nicht um blutige Kämpfe, sondern um Selbstbehauptung. In einer anderen Interpretation geht es darum, neuen Situationen nicht mit alten Mustern und Gewohnheiten zu begegnen, Urängste und Blockaden zu überwinden, die uns auf Distanz zur Liebe halten und uns daran hindern, in unsere volle Kraft zu gehen. Für mich ansprechender und zutreffender fühlte ich die Deutung, die sich nachvollziehbarer aus den Wesensmerkmalen des Krokodils ergibt: die Balance zwischen beobachtender Ruhe, des Rückzugs aus den täglichen Anforderungen, um Kraft zu tanken, und dann dem kraftvollen, entschiedenen Vorstoß, um ein Ziel unverzüglich zu erreichen, mit sparsamem und effektivem Einsatz der Energien.

Eine solche Trommelreise bietet oft eine ungewöhnliche Erfahrung. Vorausgesetzt, du magst dich darauf einlassen, kann es dabei zu Begegnungen der besonderen Art kommen. Vielleicht aber begegnest du auf ganz andere Weise Tieren, die dir Zeichen geben oder selbst für eine Botschaft stehen? Oder du träumst von Ihnen?

War dir der Begriff des Krafttieres schon vertraut? Das sind spirituelle Wegbegleiter, auch „Seelengefährten" genannt, mit denen nicht nur schamanische Praktiken arbeiten. Verwandt damit ist das „Totemtier". Dieser Begriff hat seinen Ursprung in der indigenen Ojibwe-Sprache im südöstlichen Kanada. Er steht für mythische Verbindungen zwischen Menschen und bestimmten Naturerscheinungen wie Tieren, Pflanzen, Bergen, Quellen oder Flüssen, die als Vorbilder für Charaktereigenschaften gelten. Wesensvergleiche mit der Natur können uns ebenso Botschaften in unser Leben bringen wie kraftspendend und erdend wirken.

Bleiben wir bei den Tieren. Sei nicht überrascht, auch solchen von ihnen zu begegnen, die zu einer bestimmten Jahreszeit in der freien Natur nicht oder nur selten vorkommen. Krafttiere können auf vielerlei Weise deinen Weg kreuzen. Du kannst sie sogar rufen oder darum bitten, dass dir eines erscheint, wenn du während deiner Suche nach Zukunftsvisionen meditierst, dich auf eine vielleicht angeleitete „Innenreise“ begibst. Natürlich kannst du die Tierbotschaften für dich auch erbitten oder aber einem Kartenset vertrauen.

Die Tiere, über die ich hier beispielhaft schreibe, sind mir selbst begegnet: in der Natur, in Traum und Meditation oder in der Erinnerung. Natürlich habe ich mir die Deutungen nicht alleine ausgedacht. Es gibt im Internet mehrere gut geeignete Seiten, auf denen du dich mit verschiedenen Interpretationen auseinandersetzen kannst. Wichtig ist, dass du dem eigenen Gespür folgst, welche Deutung für dich plausibel und in der konkreten Situation als Zeichen hilfreich erscheint.

Unter den Krafttieren sind auffallend oft Vögel. Kannst du dir vorstellen, warum? Nun, welche Gruppe von Tieren ist so vielseitig, lebt in der Luft, auf der Erde und auch auf dem Wasser? Das macht ihren besonderen Reiz aus, dieser hohe Grad an Freiheit und Vielfalt. Vögel beherrschen von Natur aus bis zu drei Elemente: Luft, Erde, Wasser. Der sagenhafte Phönix überwindet sogar noch das Feuer, wenn er aus seiner eigenen Asche wiedergeboren wird. So steht der Vogel auch für den Fortgang und die Wiederkehr unserer Seele und die Möglichkeit, uns zuweilen über uns selbst zu erheben.

Fangen wir ganz klein an:

Zaunkönig

Einmal im Winter hüpfte ein Zaunkönig auf unserem Balkon herum und zupfte an den Resten der Kräuter in einem der Töpfe. König zu sein ist keine Frage körperlicher Größe und überlegener körperlicher

Kraft. Vom Zaunkönig wird erzählt, dass er sich am Wettbewerb beteiligte, welcher Vogel wohl am höchsten fliegen könne. Als der Adler meinte, den Titel gewonnen zu haben, stieg der Zaunkönig aus dem Adlergefieder empor und flatterte in noch lichtere Höhen.
So darfst du gerne eine Art „Mutterschiff“ benutzen, um dich höher zu entwickeln. Aber tu es nicht eines Titels wegen, sondern für deine Selbsterkenntnis.
Wer aber ist deine Mutter, wenn nicht deine Erden-Mutter?
Musst du der Adler sein, der „König der Lüfte“, oder der Löwe als „König der Tiere“, um deine Liebe zu Mutter Erde zu beweisen? Etwas Großes sein und leisten in diesem Leben?

Als ich zwei Tage nach der Begegnung mit dem kleinen Zaunkönig zum keltischen Ogham-Orakel griff, kam die Botschaft: „Der Segen der Erde liegt in deiner Hände Arbeit“ und die Frage: „Wie würdigst du durch dein Leben und deine Arbeit die Erde?“[2] Mit Freude dachte ich daran, dass nun bald meine geomantische Arbeit und damit die Erdheilung wieder mehr in den Mittelpunkt rücken werde. Dazu müsste ich kein großes Amt bekleiden, sondern einfach nur mit Freude sein.

Krähe

Von Kindheit an umgeben mich Krähen. Im Krähenbaum des Botanischen Gartens neben meinem Elternhaus, zu Tausenden, wenn ich in Neubrandenburg am Tollense-See zu Gast war, und jetzt wieder vor unserem Schlafzimmer und dem Südbalkon. Oft lärmen sie schon im ersten Tageslicht, manchmal auch die Elster, die zu den Krähenvögeln gehört. Sind dir Krähenvögel unheimlich? Misst du die „diebische Elster“ mit menschlichem Maß? Was sagen dir Krähenvögel?

Für mich sind sie Botenvögel. Sitzen sie auf langen Autofahrten am Straßenrand, alleine oder in der Anzahl der Insassen, weiß ich, dass wir geschützt und geleitet sind. Manchmal zeigt mir der Flug einer Gruppe von Krähen, wie die Beziehung von Personen sich entwickeln wird, um die es gerade in meinen Leben geht.
Krähen sind unbestechlich und klar. Nicht von ungefähr gelten sie in der Mythologie als Hüter der heiligen Gesetze, als Boten der Wahrheit. Sie enttarnen deine Lebenslügen und leiten dich an, deinen Schatten zu beleuchten.
In Wald und Flur haben mir Krähen schon oft den Weg angezeigt, wenn ich mir unsicher und ohne Karte unterwegs war.

Taube

Manchmal sind die Krähen bei uns fort, und der große Baum füllt sich mit gurrenden Tauben. Denkst du da sofort an die Friedenstaube? An Sanftmut?
Doch wie steht es um unser Verhältnis zu Tauben, wenn wir sie nicht gerade zum Friedensfest fliegen lassen oder als Brieftauben züchten? Botschaften durften die Tauben auch in Kriegszeiten durch die zumeist sicheren Lüfte tragen. Früher fütterten wir die Tauben auf dem Markusplatz in Venedig, heute können sie dort zwischen den Touristenschlangen nicht einmal mehr landen. Heute nennen wir sie auch „Ratten der Luft“, legen Giftkörner aus und garnieren die feinste Architektur mit Stacheln und Nägeln, bis hinein in U-Bahn-Stationen, um „unbekleckert“ davonzukommen. Der Friedensvogel ist zum Spiegelbild unserer Zivilisation geworden: Der Dreck, den wir produzieren und mit dem wir den Frieden mit unserem Mutterplaneten aufgekündigt haben, holt uns ein. Als Botin des Friedens ist die Taube überall und wird als Plage empfunden. Aber wer ist

eigentlich die Plage, sind die wahren Plagegeister dieser Erde nicht eher die Menschen?
Erscheint dir die Taube, dann mach dir bewusst, dass sie wie kein anderer Vogel für deine Seele oder die eines anderen Menschen steht – nicht nur als „Trauervogel" im Sterbefall. Frag dich, wie es um das Wohl deiner Seele steht: Lässt du sie baumeln oder quälst du sie?

Meise

„Der hat 'ne Meise unterm Pony", liebte mein Vater über Gemütsmenschen zu sagen. Was auch immer Sprichwörter aussagen, auf die meisten – als Krafttiere vor allem Kohlmeisen oder Blaumeisen – trifft die menschliche Macke nicht den Kern. Die keltische Mythologie stellt diesen Standvogel, der im Unterschied zu Zugvögeln auch im Winter in nördlicheren Gefilden bleibt, den Dichtern an die Seite, damit sie das richtige Wort finden oder die neuesten Nachrichten erfahren. Der Meisengesang dominiert das tägliche Vogelkonzert zu fast allen Jahreszeiten, vom späten Abendtenor der Amsel einmal abgesehen. Neugier, Lebensfreude, das Wecken des inneren Kindes, den Käfig der Alltagsroutine hinter sich lassen und etwas wagen, ohne zu grübeln – das sind Eigenschaften und somit Botschaften, die der Meise zugeschrieben werden. Wie steht es um die Leichtigkeit in deinem Leben? Wo machst du es dir selbst schwer und glaubst, es sei deine schicksalhafte Bestimmung zu leiden?

Fuchs

Vor einigen Jahren wanderten wir bei eisiger Kälte schlotternd mit den Teilnehmern einer Geomantie-Ausbildung durch den hannoverschen Hermann-Löns-Park zu einem Kraftort. Da trottete plötzlich keine 30 Meter vor uns ein Fuchs, den es wohl aus Hunger in die Stadt getrieben hatte. Mit seinem roten Fell wird der Fuchs in der christlichen Mythologie eher zum Dämon und „fuchsteufelswild" im Märchen zum hinterlistigen Verführer. Die Begegnung mit einem Fuchs oder auch sein Erscheinen im Traum kann dich also vor Falschheit warnen, die dir begegnet, auch im Verfolgen des eigenen Weges. Die keltischen Druiden schätzten dagegen neben der Wildheit seine Klugheit und sein Verhandlungsgeschick. Was also solltest du in deinem Leben etwas geschickter angehen und lösen?

Frosch

In einer Meditation sah ich einen Frosch und bekam den Hinweis, auch über ihn zu schreiben.

„Sei kein Frosch!" Was bedeutet diese Redensart? Näherst du dich dem Frosch, verstummt er schnell und ist auf und davon, auch wenn er vorher lauthals gequakt hat. In der Masse aber bleiben Frösche unbeeindruckt. Am Gartenteich eines Freundes verstummte das Froschkonzert nur für einen Moment, als mein Schatten auf die Wasseroberfläche fiel. Dann ging es weiter, Tag und Nacht. Also meint die Aufforderung, dich nicht einfach zu verdrücken, sondern dich einer Situation oder einem Menschen zu stellen, etwas zu wagen, das vielleicht ungewohnt ist und eine Herausforderung bedeutet. Erheb deine Stimme im Konzert, der Chor der Schöpfung braucht dich.

Fluchtverhalten steht scheinbar im Gegensatz zum Bild des „Froschkönigs". Der Frosch fühlt sich nicht zu Hause in seiner Haut und will endlich „wachgeküsst" werden, verlangt also Zuwendung von anderen – ob sie ihn in seiner Hässlichkeit nun mögen oder nicht. Auch das ist letztlich Flucht – vor dir selbst.

Da hilft bekanntlich nicht immer der erlösende Kuss, sondern oft der unfreundlich anmutende Akt, einen solchen Frosch zuweilen mal gegen die Wand zu werfen, damit der Prinz in ihm in Erscheinung tritt. Froschkönige und auch Froschköniginnen halten sich gerne für verzaubert und blockiert, sorgen aber meistens selbst dafür.

Eichhörnchen

Das Eichhörnchen gehört zur Gattung der Nagetiere, ist aber symbolisch eine passende Themenbrücke zu anderen Tierarten. Ich bezeichne es gerne als „Erd-Vogel“, denn welches andere ungeflügelte Tier wagt in unseren Breiten so weite Luftsprünge wie das Eichhörnchen?

In der germanischen Edda springt das Eichhörnchen zwischen den Zweigen des Weltenbaumes (der unsterblichen Eibe) hin und her und damit zwischen den Welten. In Träumen, die ich hatte, führte mich ein Eichhörnchen einmal zu den Wurzeln eines Baumes, die in klarem Wasser standen, und tauchte zu meinem Schrecken hinein. Ich erwachte in diesem Moment, stellte mir aber sogleich die Frage nach der Klarheit über meine eigenen Wurzeln. Es waren Jahre des Umbruchs, der Unruhe in meinem Leben.

Eichhörnchen begegnen mir immer, wenn ich mich daran erinnern möge, dass ich mit Leichtigkeit in lichte Höhen klettern und in kühnen vertrauensvollen Sprüngen dahinwandeln kann. Aber auch vor Scheidewegen im Leben tauchten Eichhörnchen auf. Welchen Stamm sollte ich jetzt wählen?

Meine Siebensachen verlege ich übrigens nicht in Verstecken, die ich dann nicht wiederfinde. Ein solches Eichhörnchen bin ich nicht.

... nochmal ganz klein, aber hoch wirksam:

Spinne

Krabbelte früher eine noch so kleine Spinne durch unser Auto, wäre meine Tochter am liebsten schreiend während der Fahrt ausgestiegen. Vor Spinnen ekeln sich viele Menschen und die Filmindustrie bedient diesen Grusel vergnüglich.

In der Mythologie gilt die Spinne weithin als Weberin des Lebensnetzes oder sogar als „Schicksalsweberin". In einem Netz kannst du gefangen sein, als Opfer umgarnt, gefesselt, vernichtet werden. Im Netzwerk kannst du dagegen sinnstiftend mit anderen verbunden sein und erfolgreich zusammenwirken. Wenn dir eine Spinne erscheint, dann frag dich nach der Qualität deines Lebensnetzes, nach deinem Schicksal. Welche Fäden empfindest du als Fessel? Wer oder was frisst deine Kraft? Welche Fäden magst du selbst spinnen, um dich freiwillig zu vernetzen, ohne dich gefesselt zu fühlen?

Bienen

Wir kehren noch einmal zu den Bienen zurück:

Wir waren zu Besuch bei den beiden Hobbyimkern und genossen ein Frühstück mit frischem Honig. Plötzlich umkreisten einige Bienen eine ebenfalls anwesende Freundin in Kopfhöhe. „Normalerweise kommen sie nie zur Terrasse", wunderte sich unser Freund. „Wenn doch, dann wollen sie etwas mitteilen." Genau so war es auch. Unter „Krafttier Biene" las sie vor, gehe es nicht nur um Struktur und Ordnung, sondern vor allem um die Botschaft, im Einklang mit der höheren Ordnung leben zu lernen, sich aber auch Pausen zu gönnen und sich das Leben zu versüßen. „Hach, das passt gerade", seufzte die Frau. „Ich gehe alles gerade viel zu hektisch an." Von den Bienen war nichts mehr zu sehen. Sie summten nur – wie immer – friedlich und entspannt um die geomantisch entstörten und geschützten Bienenstöcke in 15 Meter Entfernung.

Wie oft erhalten wir merkwürdige Botschaften von Tieren und nehmen sie als Zeichen kaum wahr oder können sie nicht deuten – während andererseits sehr viele Menschen von „meinem Krafttier" sprechen oder in Workshops die Frage stellen, welches denn ihr Krafttier sei.
Ich reagiere da sehr zurückhaltend. Bei manchen Menschen ist es durchaus so, dass sie immer derselben Tierart begegnen und diesem Zusammentreffen tiefere Bedeutung beimessen, auch von diesem Tier in Meditationen abgeholt und geführt werden. Dabei kann es sich um eine Bestätigung des aktuellen Tuns handeln, aber auch um eine Warnung. Auch wenn du also eine offenkundige Resonanz zu einem bestimmten Tier verspürst, dem du auffallend oft begegnest, so stellt sich dennoch die Frage, ob es sich bei der Bedeutungszuweisung um eine Illusion oder Konstruktion handelt oder um tatsächliche Zeichen zur Lebens- und Entscheidungshilfe.
Eine Frau, die häufig und überall Eichhörnchen begegnete, meinte, es sei insofern ihr Krafttier, als dass sie mit dessen Hilfe bei aller Liebe zur Spiritualität die Bodenhaftung nicht verlieren werde. Das Eichhörnchen sei diesbezüglich für sie ein „Erd-Vogel". Es könne nicht wirklich fliegen, aber dennoch waghalsig, aber mit erstaunlicher Sicherheit an Fassaden und Bäumen herumklettern und weite Sprünge durch die Luft wagen. Genau dies spiegelte ihr Selbstgefühl treffend wider.
Vergleichbar mag es vielen anderen Menschen mit ihrem persönlichen Krafttier ergehen. Es sind besondere Beziehungen, die sich nicht objektiv überprüfen lassen – warum auch? Viele Zeichen, die wir erhalten, erfahren ihre Bedeutungszuweisung durch subjektive Wahrnehmung. Du kannst die Botschaft eines Krafttieres als Bestätigung empfinden, wenn du darin Züge deines Wesens erkennst, die du als Stärken empfindest. Ebenso kann es sein, dass dir Schwächen gespiegelt werden und du bereit bist, in diesen Spiegel zu schauen.

Wenn wir aber im engeren Sinne von Krafttieren reden, ist begrifflich etwas Spezielles gemeint. Synonym werden da auch die Begriffe „Geisttier“ und „Totemtier“ angeführt. Dabei geht es um Geistwesen in Tiergestalt, die in schamanischen und esoterischen Zirkeln als spirituelle Wegbegleiter gewertet werden. Dieser Gedanke gründet in der Mythologie verschiedener ethnischer Religionen.
Beliebt ist die Funktion des Krafttieres unter anderem bei Rückführungsritualen und inneren Reisen oder angeleiteten Meditationen. Dazu lässt man beispielsweise die Teilnehmerinnen und Teilnehmer einer Sitzung durch ein vorgegebenes Krafttier oder auch ein individuell zu imaginierendes Krafttier abholen, auf dem Weg begleiten und wieder zum Ausgangspunkt zurückbringen.
Abschließend möchte ich dir raten, dich nicht unbedingt auf ein einziges Krafttier zu fokussieren. Dein Erleben mit Tieren kann für dich reichhaltiger sein, wenn du dich von dem Gedanken lösen magst, dass dich nur eines durch dein Leben begleitet oder begleiten muss. Das eben ist kein spirituelles Gesetz. Bei mir selbst kann es heute ein Seeadler sein, morgen ein Krokodil und dann vielleicht eine Schlange. Doch immer hatte bisher jedes Tier eine Botschaft für mich, die zur aktuellen Situation oder Gefühlslage passte. Die Bedeutung kannst du dir oftmals schon mit etwas Fantasie aus dem Wesen des Tieres selbst ableiten. Es gibt aber auch Bücher, aus denen du dir schnell weitere Anregungen zur Interpretation holen kannst. Wofür steht die Schlange? Die Libelle? Es führt zu weit, wenn ich das alles hier ausführe. Es bleibt zudem dir selbst überlassen, in diesen unterschiedlichen Quellen nach Resonanz zu suchen. Dabei handelt es sich jedoch um eine schöne Form der Selbstreflexion und sensibilisiert dich ganz allgemein für Zeichen aus der Tierwelt um dich herum.

Kapitel 5 – Zipperlein und Unfälle

Wenn du ausgebremst wirst

Langsam erinnerte ich mich. Dabei war es doch eben erst geschehen. Die Schrecksekunde schien zur Ewigkeit gedehnt. Benommen nahm ich wahr, wie sich mein Wagen im Zeitlupentempo drei- oder viermal gedreht haben musste. Nun stand ich gut 20 Meter von dem Auto entfernt, das mich beim Linksabbiegen seitlich erfasst hatte. War ich so weit geschleudert worden? Mir wurde klar: Im strömenden Regen hatte ich übersehen, dass die Abbieger-Ampel auf Rot stand.

Verkehrszeichen zu missachten fügt dir und anderen stets Schaden zu, wenn es schlecht läuft, auch körperlicher Art. Doch alles, was uns geschieht, beinhaltet eine Botschaft, eine viel tiefer gehende Zeichensetzung. Sie betrifft das „Warum“, in meinem Fall die wahrhaften Ursachen, weshalb ich besser früher hätte reagieren und „abbremsen“ sollen. Welches Rotlicht im Alltag hatte ich übersehen?
Was ich damit meine, wird deutlich, wenn ich dir das Unfallgeschehen mit seinem Hintergrund schildere:

An jenem Wochenende sollte eine Tagung stattfinden. Ich wurde gebeten, unbedingt zu kommen und die Gruppe zu begrüßen. Eigentlich passte mir das gar nicht. denn meine damalige Frau hatte eine Operation hinter sich und sollte zu diesem Termin endlich die Klinik verlassen dürfen. Schwierig! Um mir zu helfen, bat sie den Chefarzt, noch bis Sonntag bleiben zu dürfen. Knurrend willigte er ein.

Gegen Mittag wollte ich aufbrechen, aber ein dringender Anruf folgte auf den nächsten. Ich verständigte eine schon am Tagungsort anwesende Kollegin. Diese meinte, sie könne mich gut vertreten, ich solle mir keinen Stress machen, ich käme ohnehin zu spät. Gegen 17 Uhr endlich startete ich den Wagen. Es dunkelte bereits und regnete in Strömen.
Ich hatte vordergründig Glück. Mein Unfallgegner und ich blieben unverletzt, alles regelte sich glimpflich. Im Nachhinein wurde mir klar: Das eigentliche Glück bestand doch darin, dass ich mit der nächsten Straßenbahn in die Klinik fuhr und im Taxi mit meiner Frau nach Hause zurückkehrte, Tee kochte und für ein gemütliches Wochenende einkaufte. Unser Versicherungsvertreter wohnte gegenüber und kam ebenso abgekämpft zur Unfallaufnahme. Wir schafften eine halbe Flasche Korn…
Mit meinem noch aus Studententagen stammenden Auto, das nun reif war für den Schrottplatz, kam noch ein Signal hinzu: Lass das Studentenleben hinter dir und komm an in einer anderen Welt, die dir eine ganz andere Qualität an Entscheidungen abverlangt, bei der die Menschlichkeit im Mittelpunkt stehen sollte. Damit die Lektion richtig saß, rief am nächsten Morgen noch mein Verbandspräsident an und schimpfte mich aus, warum ich nicht gleich zu Hause geblieben sei.

Wenn du mein Unfallbeispiel überdenkst, dann ist die Botschaft offenkundig: Verursacher bist du selbst, nicht ein Unfallgegner, der dadurch vielleicht eine ganz andere Botschaft erhält. Dem Zufall ist nichts überlassen. Das Kriterium für deine Entscheidung lautet für alles schlicht und einfach: Liebe. Darin bist du nur erfolgreich, wenn du Selbstliebe zulässt.
Was ich mir am Unfalltag zugemutet hatte, war Selbstaufopferung. Fehlende Selbstliebe trug dazu bei, mich auch anderen Menschen gegenüber lieblos zu zeigen, also in der Nächstenliebe zu versagen.

Ich bat meine damalige Frau, noch einige Tage länger als nötig im Krankenhaus zu bleiben. Auch ihre Zustimmung war doch Selbstlosigkeit in einem zumindest fragwürdigen Sinne.

Mit diesem Beispiel wenden wir uns dem wichtigsten „Seelenspiegel" zu, den wir haben: unserem Körper. Um Unfälle geht es und um Krankheiten, besser gesagt um die Symptome des Körpers, die dir Botschaften vermitteln. Vielleicht denkst du spontan, Menschen, die alle anderen Zeichen ignorieren, sollten spätestens die Zeichen des Körpers wahrnehmen. Diese schmerzen, sind spürbar oder auch sichtbar. Aber weit gefehlt! Woran liegt das?

Auch du könntest ein Problem mit der Zeichensprache deines Körpers haben, wenn du Krankheit als das auffasst, was sie für den herkömmlichen Medizinbetrieb ist. Der nämlich hält das Symptom selbst für die Krankheit. Ursachen sucht er, wenn überhaupt, in einer körperlichen Wirkungskette mechanischer oder biochemischer Abläufe und behandelt den Körper nach dem Modell eines Reparaturbetriebes. Da mag es sein, dass lästige Symptome verschwinden, was du dann als Gesundung betrachten magst. Doch nur allzu häufig ist das Resultat davon ein endloser Kampf gegen Veränderungsprozesse, Folgewirkungen oder eine verlagerte Symptomatik. Hautausschläge sind lästig. Unterdrücken wir sie, verlagert sich die Symptomatik nach innen, auf andere Organe. Wird die Bedeutung des Symptoms nicht begriffen, dann zieht der Körper immer weitere Register.

Lass einmal diesen Satz in aller in ihm steckenden Deutlichkeit auf dich wirken: *Schmerzen sind die wichtigsten Zeichen überhaupt!*

Wie oft höre ich von Patientinnen und Patienten, sie seien „austherapiert", weil der Medizinbetrieb weder Antworten noch Mittel verfügbar habe, einen Heilungsprozess einzuleiten. Oder solche Menschen werden mit der Diagnose „psychosomatisch" in die Schublade namens „Klapsmühle“ entsorgt, um es drastisch, wenn auch zutreffend auszudrücken. Falsch ist das ja nicht, genau genommen in keinem Fall. Denn aus heilerischer Sicht haben alle Krankheiten, gleich auf welcher Stufe, ihre Ursachen in unseren Emotionen und Befindlichkeiten, die zunächst im feinstofflichen Körper zu Blockaden führen und körperliche Symptome auf verschiedenen Ebenen nach sich ziehen. Geistiges Heilen, aber auch von Lobbyisten verpönte Verfahren wie die Klassische Homöopathie, setzen dagegen bewusst bei den Themen an, die Ungleichgewichte und Blockaden im Leben der Menschen hervorrufen.

Trotz allem fehlt es nicht an populärer Literatur, die uns dabei hilft, die seelischen Ursachen von Krankheitssymptomen zu deuten und die Botschaften zu erklären, die hinter Krankheitsbildern stecken. Eigentlich müsste ich dir dazu nicht auch noch etwas erzählen. Wenn ich es hier trotzdem tue, dann deshalb, weil es dir im Grunde mit etwas Übung sehr gut gelingen kann, die Zeichen zu deuten, die unser Körper uns gibt. Ich beschränke mich also auf die wesentlichen Hinweise zum ABC der Körpersprache. Wichtig ist, wie auch bei allen anderen Zeichensprachen, deine grundlegende Bereitschaft dafür, körperliche Symptome überhaupt als Zeichen zu begreifen und dich aktiv den Themen zuzuwenden, für die sie stehen.
Beginnen wir mit dem Ausbremsen. Wenn wir nicht selbst rechtzeitig bremsen, passiert oft genug das, was wir als Unfall bezeichnen. Hier steht leider nicht „un“ im Sinne von Nicht-Fall, den wir dann lieber gehabt hätten.

So war es gegen Ende meiner Zeit in der Unternehmensberatung. Eigentlich wollte ich dieses Büro nicht, hielt es für überflüssig, da ich zu Hause über einen völlig ausreichenden Raum verfügte und ohnehin

keinen Publikumsverkehr hatte. Da aber unsere Tochterfirma eine Etage angemietet hatte, zog ich widerwillig mit ein. Auch familiär war das belastend. Hatte ich trotz vieler Reisen immer Zeit genug für die Familie gefunden, brachte die Pendelei zum Büro doch herben Zeitverlust.
Oft rannte ich hektisch zur U-Bahn, um einen privaten Termin einhalten zu können. So auch an diesem Nachmittag: Die Bahn fuhr gerade ein, und ich nahm eiligst mehrere Stufen auf einmal, stolperte über die letzte, überschlug mich beinahe – die Bänderzerrung am linken Fuß war gelungen und verschaffte mir vier Wochen die Ruhe, die ich vermisst hatte. Es dauerte noch länger, denn erst ein halbes Jahr später war ich dazu bereit, die beruflichen Konsequenzen daraus zu ziehen, bevor noch mehr passierte.

Denke ich heute an verschiedene Lebenssituationen zurück, wird mir bewusst, dass ich zuweilen schon Vorahnungen hatte, dass etwas geschehen könnte oder gar würde.

So war es auch kurz vor meinem Abitur. Es war eine Zeit, in der ich sehr schwankte, ob und wo ich mich beispielsweise politisch engagieren solle. Als ich den Führerschein bekam, fuhr ich fast täglich zu irgendwelchen Treffen oder Veranstaltungen, auch in Nachbarstädten. Eines Abends brachte dann unvermutet eine Glatteisfläche auf einer Autobahnbrücke meinen Wagen ins Schleudern. Nach den bekannten langsam vergehenden Schrecksekunden lag ich dann mit einem Knall im Graben: unverletzt, aber in der Folge nachdenklich und wieder innerlich zentriert.

Wenn die Zeichen vergleichsweise so glimpflich ablaufen, dürfen wir uns glücklich schätzen.
Meine eigenen Unfälle waren noch immer glimpflich abgelaufen. Oft aber wurde mir die nötige Bremse oder vielleicht auch nur Auszeit

zugefügt, schon in der Kindheit. Mit meinem heutigen Wissen hätte ich auch die kleineren und größeren Verletzungen besser oder eben überhaupt deuten können. Manchmal ahnen wir intuitiv, warum wir uns etwas eingebrockt haben. So unglaublich es für dich vielleicht auch klingen mag, nicht selten setzen wir selbst sogar die Zeichen in Gestalt unserer Wünsche und Gedanken, die dann den Bremsvorgang auslösen. Wir bitten damit bewusst oder unbewusst um ein passendes Ereignis, ein kleines Wunder.

In der Verbandsgeschäftsstelle, die ich zu Beginn meiner Berufstätigkeit leitete, hatte ich eine Mitarbeiterin, die längst im Rentenalter war. Sie war sehr geschätzt, allein schon wegen ihrer guten Erinnerung an Vorgänge, die sehr lange zurücklagen, für ihre Akten- und Personenkenntnisse. Ob ihr diese Arbeit Freude bereitete? Mein Eindruck war eher, es sei Ablenkung. Zu Hause war Stress, wie sie zugab. Ihre geschiedene Tochter war mit zwei kleinen Kindern bei ihr eingezogen und konnte ihr Leben gerade nur schwer regeln.
Heute – es war wenige Tage vor Weihnachten – blieb sie bis gegen Abend, wollte offenbar von der Arbeit nicht ablassen. Eher stöhnend verabschiedete sie sich dann mit der Bemerkung, sie sei gespannt, welches Chaos sie heute zu Hause erwarte. Keine 30 Minuten später klingelte das Telefon. Gleich nach der Abfahrt hatte sie einen Auffahrunfall und war mit einigen leichteren Verletzungen in die nahe gelegene Klinik eingeliefert worden. Dort müsse sie noch bis zum 23. Dezember bleiben, hatte man ihr gesagt. „Es schmerzt zwar an einigen Stellen, aber Sie glauben gar nicht, wie froh ich bin, jetzt einige Tage hier in Ruhe verbringen zu können“, gestand sie mir.

Denk einmal zurück: Hast du vielleicht auch schon einmal die Handbremse in deinem Leben selbst gezogen, weil du dich überfordert fühltest? Oder kennst du solche Beispiele aus deinem Umfeld? In diesem Fall lautet die Botschaft, dass dein Hilferuf Gehör fand. Zumeist aber verhält es sich umgekehrt: Dann können die meisten Menschen die Botschaften von Unfällen so wenig deuten wie diejenigen von Krankheiten. Lass uns deshalb die Bedeutung einiger Symptome gemeinsam betrachten.

Was Körperseiten bedeuten

Symptome, die an Organen oder an einzelnen Körperteilen oder auch auf einer bestimmten Körperseite auftreten, stellen also eine eigene Sprache der Seele dar. Sie signalisieren in den meisten Fällen, wo die thematischen Ursachen der Probleme im Leben zu suchen sind. Hier beginnt die Detektivarbeit:

Aus der Körperseite, der exakten Stelle und der Kombination verschiedener Symptome an verschiedenen Körperstellen ist abzuleiten, was genau die seelische Ursache der körperlichen Probleme ist und was Patienten psychisch und im Leben belastet.

Die Körperseite, auf der wir die Blockade oder die Symptomatik wahrnehmen, zeigt uns bereits die grobe Richtung an, in der das verursachende Thema zu suchen ist: Die **rechte Seite** steht stets für die Außenwelt. Unsere rechte Schulter schmerzt, wenn wir uns von außen Lasten auferlegen lassen oder gewaltigem Druck (zum Beispiel von Kollegen, Familie usw.) ausgesetzt sind. Das rechte Bein schläft ein oder schmerzt, wenn wir das, was wir in uns beschlossen haben, nach außen nicht umsetzen oder nicht im äußeren Leben stehen.

Die **linke Seite** steht für uns selbst. Mangelnde Selbstliebe und Themen, bei denen wir es uns selbst schwermachen, lassen beispielsweise unsere linke Schulter schmerzen und sich verspannen, unser Herz blockieren, die linke Hand unbeweglich werden usw. Gehen wir innerlich nicht weiter, verweigern uns der Bearbeitung unserer Themen und der inneren Reifung, so merken wir das beispielsweise schnell am linken Arm und Bein.

Deine Organe reden zu dir

Der Kopf

Der Kopf zickt gerne dann, wenn du zu viel denkst, zu kopflastig bist, nicht fühlen magst, nicht bei dir bist und in anderen Sphären schwebst: Kopfdruck (bei einer Blockade des Energieflusses oder rasenden Gedanken), Schwindel und Kopfschmerzen sind häufige Anzeichen dafür. Die Ohren zeigen Symptome, wenn du etwas nicht (mehr) hören willst – sei es auf guten Rat von außen oder den deines eigenen Herzens. Die Augen tun das Gleiche, wenn du nicht anschauen willst, was die Umwelt oder dein eigenes Selbst dir zeigen will. Der Mund entzündet sich, ebenso wie der Hals, wenn du nicht redest, nicht aussprechen magst und sagst, was dir auf der Seele brennt, und es nicht auslebst.

Schultern und Brust

Die Schultern verspannen sich oder schmerzen bei starken psychischen Belastungen von außen oder auch solchen, die du innerlich selbst konstruierst, die aber allesamt unnötig wären. Am schwersten machst du es dir selbst: Das Rückgrat wird in Mitleidenschaft gezogen, wenn du unter all den Lasten einknickst und außen wie innen keine Haltung

mehr bewahren kannst oder magst, wenn du dein Selbstbewusstsein nicht aufbaust, sondern dich klein und unscheinbar machst.
In der Brust bekommst du keine Luft, wenn du dich fesseln lässt durch Pflicht und Verantwortung, die nicht die deinen sind, oder durch selbst auferlegte Konventionen.
Das Herz stockt, ein Infarkt entsteht oder einfach ein Brustschmerz, wenn du dich selbst nicht liebst oder deine Liebe (auch zu anderen) nicht auslebst, wenn du Liebe im Leben – egal in welcher Form – nicht zulässt.
Entsteht hier eine Blockade, zieht sich ihre Wirkung schnell in jeden Winkel des Körpers, ist doch das Sich-Verweigern der Lebensenergie, die reine Liebe ist, die schwerste Verletzung, die du dir selbst zufügen kannst. Wilhelm Reich nannte das und die körperlichen Folgen „emotionale Panzerung".

Bauch und Unterleib

Hier sitzen oft Ängste, Traumata und verdrängte Wut. Manchmal ist der Hals dick, weil du eben nicht aussprichst, was sich hier aufgestaut hat, weil du es zu lange geschluckt hast. Angst und Wut lassen den Bauch verkrampfen, die Gedärme rumoren. Versteckst du dich aus Angst vor der Welt hier in deiner Körpermitte? Dann ziehst du dich aus dem Leben zurück und die Verdauung funktioniert nicht – du weigerst dich ja, das Leben und seine Herausforderungen zu verdauen.
Warum sollte der Darm etwas bearbeiten, das du selbst nicht bearbeitest? Das Leben ist ein beständiges Bearbeiten, wie auch der Darm normalerweise beständig an den schwersten und fettigsten Brocken des Essens arbeitet.

Im Unterleib, in der Nähe der Scham und im Steißbein, befindet sich der Urgrund des Lebens. Dieser Bereich steht symbolisch für Lebenslust, Sexualität, Urvertrauen und anderes, an elementare Emotionen Gebundenes.
Hast du damit Schwierigkeiten, so folgen daraus absterbende Lust an Leben, Liebe, Sexualität sowie Angst vor dem Leben selbst.

Arme
Sie stehen für die Tat in deinem Leben, speziell die Hände für das Handeln: Packst du deine Aufgaben an? Bist du tatkräftig? Bearbeitest du deine Themen, gehst sie an?

Beine
Sie stehen weniger für das Handeln in Bezug auf spezielle Themen, sondern zeigen an, ob eine grundlegende Bewegung in dir oder außerhalb von dir vorhanden ist.
Bist du festgefahren in Gewohnheit, festen Beurteilungen des Geschehens oder in deinen Ansichten?
Gehst du innerlich nicht voran, entwickelst du dich nicht mehr weiter oder willst es nicht mehr, obwohl es bis zum letzten Atemzug zu lernen und zu leben gilt? Dann zeigt dir das linke Bein, ob du innerlich steif bist oder beweglich. Auch wenn du nicht zu dir selbst stehst, in Liebe und Selbstbewusstsein, wird das linke Bein es dir zeigen.
Stehst du dagegen nicht fest im Leben, weigerst du dich aus Gewohnheit, Bequemlichkeit, Angst (ob real oder selbst erzeugt), im Leben Dinge anzugehen, das Leben selbst anzupacken, ist es das rechte Bein, das dir zeigen wird, dass etwas nicht stimmt. Das Leben ist Bewegung, nicht Stillstand. Demnach ist auch nur ein bewegter Körper ein gesunder Körper. Außer Bewegung halten dich auch

deine Emotionen gesund. Alles andere bedeutet Stillstand – und im Stillstand fließt nichts.

Für den Fall, dass es dich einmal „erwischt", hier die wichtigsten Zuordnungen noch einmal zur schnellen Orientierung im Überblick. Dann frag dich selbst, worin die Gründe dafür liegen mögen.

Körperzone bzw. Organ / allgemeine Themen	**Typische Blockade- und Verschlusssymptome**
Kopf Kopflastigkeit, zu viel Denken, Orientierung(-slosigkeit), blockierte Intuition und Gefühlsblockaden	unerklärlicher Kopfschmerz, Ohrenschmerzen/Tinnitus, Augenprobleme, Nasenprobleme, Entzündungen der Schleimhäute, Störungen des Gleichgewichtssinns, Schwindel
Nase die Nase voll haben, Überlastung, gestaute Wut/Frust, Übersensibilität (feiner Riecher)	Erkältung, ständiges Nasenlaufen, verstopfte Nase, beeinträchtigter Geruchssinn, Schleimhautentzündungen
Ohren nicht hören wollen, Ausgrenzung der Außen- bzw. Innenwelt/ Angst vor der Wahrheit, Orientierung in der Welt (Gleichgewichtssinn)	Tinnitus, Ohrenschmerzen, Rauschen, Entzündungen, Schwerhörigkeit

Augen nicht sehen wollen, festgefahrenes Weltbild, Wahrheit ablehnen, Augen vor Unangenehmem verschließen, mediale Wahrnehmung	Entzündungen, Augenschmerz, Sehschwierigkeiten, Kopfschmerz im Stirnbereich. (Drittes Auge)
Hals einen dicken Hals haben, gestörte Kommunikation, nicht ausgedrückte Gefühle, für sich einstehen	Halsweh, Mandelentzündung, Entzündungen im Mund und an den Zähnen/Zahnschmerz, Lymphknoten- und Schilddrüsenprobleme
Schultern Last der Welt auf den Schultern, Überlastung, Verantwortung (Anderer) tragen, von Sorgen erdrückt	Fehlstellungen, chronisch verspannte Muskulatur, Nervenschmerz, chronischer Schmerz
Arme, Hände Handeln (für sich selbst/nach außen), Umsetzen des eigenen Weges, den Weg gehen, Aktion, Durchsetzungsvermögen	Gelenkschmerzen, Verspannungen, Ausschläge, Durchblutungsstörungen/kalte Hände
Brust, Lunge erdrückende Last, was nimmt die Luft zum Atmen (Personen, Konventionen), Emotionen, Liebe, Freiheit (frei atmen können)	(chronisches) Asthma, Lungenprobleme, Bluthochdruck, Entzündungen

Herz Gefühle, Liebe, Intuition, Leben, Fluss des Lebens und der Energie, Herzlichkeit, eins sein mit sich selbst, Beziehungen	Herzrhythmusprobleme/Herzrasen, Infarkte, Schlaganfälle, Bluthochdruck Körperzone bzw. Organ/allgemeine Themen/typische Blockade- und Verschlusssymptome
Bauch Emotionen, geschluckte Gefühle, Angst, Wut, Trauer, alte Lasten, Unverdautes, Frust (was ist mir auf den Magen geschlagen, über die Leber gelaufen)	Störungen des Verdauungssystems, (Durchfall, Verstopfung, Entzündungen), Lebensmittelunverträglichkeiten, chronische bzw. unerklärliche Bauchschmerzen usw.
Unterleib loslassen/klammern, sich reinigen, Urvertrauen, Urängste, Lebensfreude, Sexualität, innere Ruhe (Körperschwerpunkt/Zentrum Hara bzw. Tantien/Tanden)	Blasen- und Prostatabeschwerden, Schmerzen/Probleme mit den Eierstöcken und Genitalien, unerklärliche Schmerzen, Probleme mit Beweglichkeit der Hüfte /der unteren Wirbelsäule
Nieren Beziehungsorgan, Beziehung zu sich/anderen Menschen Reinigung (von Seele wie Körper), und Entgiftung (energetisch wie physisch), emotionale Belastung (was ist mir an die Nieren gegangen)	Nierenschmerzen, Funktionsstörungen, durch Wassermangel und /oder einseitige Ernährung Verschlackung / Überlastung des Körpers mit nicht abtransportierbaren Stoffen (meist nur ärztlich feststellbar)

Wirbelsäule innere Haltung, zu sich selbst stehen, aber auch Flexibilität, Verantwortung für sich, fest stehen, mit Himmel und Erde verbunden, Lebensstrom / im Lebensfluss sein (Hauptenergiekanal)	Bandscheibenprobleme, Fehlstellungen, Schmerzen, Bewegungsprobleme
Gelenke Beweglichkeit, Flexibilität im Denken und Fühlen, Lebensfluss, Lebensfreude, Lockerheit	(chronisches) Rheuma, Schmerzen, diverse Arten von Gelenkproblemen
Beine im Leben stehen, vorangehen/bewegen, verharren, Standfestigkeit	Schmerzen, Verspannungen, Gelenkprobleme, Ausschläge usw.
Füße geerdet sein, fest stehen, zu sich / zum Leben. „auf dem Teppich bleiben“, Leichtigkeit des Lebens (leicht voranschreiten)	Schmerzen, Bewegungseinschränkung, Hühneraugen, Entzündungen, Ausschläge usw.

Finger und Zehen

Erinnerst du dich an die Geschichte, die ich eingangs erzählte? Ja, die von Bens geprelltem rechten Zeh.

Vielleicht bist du neugierig, welche astrologisch begründete Botschaft die übrigen Finger und Zehen haben? Dazu erst einmal die folgende Zeichnung, damit du es dir besser einprägen oder schneller nachschlagen kannst:

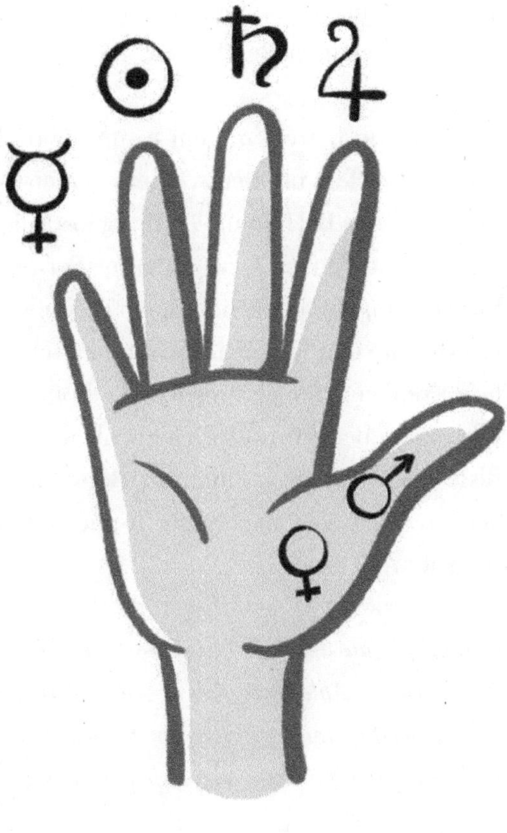

Die Zuordnungen gelten gleichermaßen für die Fußzehen:

Daumen/Handballen (Venushügel) = Mars/Venus. Betrifft deine Beziehungen und die Energie, mit der du hineingehst – oder eben nicht.
Zeigefinger = Jupiterfinger, Gottesfinger. Thema: Orientierung an deinem Lebensplan, den Weg erkennen.
Mittelfinger = Saturnfinger. Thema: deinen Weg konsequent beschreiten, deiner Bestimmung folgen, diese vollziehen.
Ringfinger = Sonnenfinger. Thema: in deiner Mitte, zentriert sein, dich dort hingeben, wohlfühlen.
Kleiner Finger = Merkurfinger. Thema: Leichtigkeit in dein Leben lassen, den Weg, das Leben genießen lernen.

Sind die Finger der Hand betroffen, geht es um dein Handeln, sind die Zehen der Füße betroffen, um dein Gehen, deinen Weg. Die linke Seite betrifft auch hier die Beziehung zu dir selbst, die rechte Seite deine Beziehung nach außen und zu anderen (Personen oder Entscheidungen, Entwicklungen), je nachdem, wo du die Gründe suchen magst. Du kannst dich an den Fingern verbrennen, schneiden, sie verstauchen, sie dir ausrenken oder sie brechen. Es gibt also Steigerungsmöglichkeiten, je nach Bedarf und Dringlichkeit der Botschaften. Auch Stiche, Bisse oder Warzen können dir Botschaften an Fingern und Zehen geben, zuweilen sehr nachhaltig, je nach deiner Begabung, die Dinge hinzuziehen.

> *Vor Jahren waren wir an unserem Urlaubsort in Südtirol eingetroffen. Das Wetter war herrlich, Ablenkung gab es genug. Aber ich hing mit den Gedanken noch immer an einigen Problemen bei der Praxisorganisation, konnte das nicht hinter mir lassen, obgleich ich alles Erforderliche mit*

den Kolleginnen und Kollegen geregelt hatte. Das Zeichen ließ nicht lange auf sich warten: Am dritten Tag glitt ich beim Einstieg in eine Bergbahnkabine aus und renkte mir den linken Sonnenfinger aus. Mit unseren vereinten Heilkräften war er ohne ärztlichen Beistand nach einer Stunde wieder am richtigen Ort und ich konnte fast jede Bewegung schmerzfrei ausführen. Ein kleines Wunder, aber auch ein großer Tritt, endlich die Urlaubstage aus vollem Herzen zu genießen.

Kapitel 6 – Ängste und Endzeichen

Heinrich Heine nannte ihn den „traurigen Monat“ und meinte damit den November. Der macht uns besonders zu schaffen, wenn es um Vergänglichkeit geht. Die Natur scheint abzusterben, dazu kommen rituelle Anlässe, wie gleich zum Auftakt das keltische Samhain, das wir zu Grusel einflößenden Halloween-Bräuchen pervertiert haben, dann Feiertage wie Allerheiligen, Allerseelen, Volkstrauertag, Buß- und Bettag und als Endpunkt vor dem Advent der Totensonntag: Tod, Totengedenken allüberall. Die passende mentale Einstimmung, um von meinen Erfahrungen und medialen Erlebnissen mit dem Tod zu berichten.

Dem Sterben draußen in der Natur zuzusehen, die Stille, die frühe Dunkelheit, das wenige Licht – nicht umsonst ist der November der Monat mit den häufigsten Suiziden, mit den meisten Depressionen. Was ist es, das uns so betrübt? Warum haben wir in diesem Monat scheinbar mehr Angst und wovor haben wir Angst? Überhaupt, deine Ängste...

Du und deine Ängste

> *„Mehrmals in der Woche, wenn ich auf die Uhr schaue, ist es immer gerade genau 16:27 Uhr. Was um Himmels willen bedeutet das? Geschieht etwas Schlimmes um diese Zeit? Stirbt jemand? Oder geschieht mir etwas? Das ängstigt mich.“*

Wenn ich mit Menschen über Zeichen in ihrem Leben kommuniziere, sind die Gespräche oder E-Mails auffallend oft von ihren Ängsten geprägt, zuweilen geradezu von panischer Angst. So wie in diesem Fall, wenn sich Menschen in ein Muster hineinsteigern und die Resonanz darauf sie darin bestätigt. Es geht um Angst vor Versagen, Bestrafung, Verlust, Ablehnung, Verarmung, schwerer Krankheit, schließlich um Angst vor dem Tod: Angst also, dass Zeichen als böse Omen empfunden werden, die uns einen Schicksalsschlag ankündigen. Dabei sind manche dieser vermeintlichen Zeichen eher ein Spiegel, eine Projektion der Erwartungen und latenten Ängste, die uns umtreiben.

Besonders an Schwellen in deinem Leben zeigen sich deine Ängste. Kennst du deine Ängste, sind sie dir bewusst?
Schäme dich nicht, dieses Thema zuzulassen – ebenso wie die Ängste selbst. Denn kein Mensch ist ohne Ängste. Nun gut, vielleicht einige sehr „erleuchtete", in deren Körper sich die Schwingungen der Angst und anderer Gefühle nicht mehr oder nur kurz halten können. Ganz viele Menschen geben dagegen zu, dass sie Ängste haben.
Angst treibt uns um. Sie ist nie hilfreich, ganz gleich aus welchem Grund sie uns befällt. Wenn sie überhaupt durchs Leben führen kann, dann in die Irre. Denn sie zerstört die Ruhe, in der allein die Kraft liegt, ebenso wie auch das Vertrauen in uns selbst und die Schöpfung. Kurzum: Angst treibt, Vertrauen führt.

Zeichen sind allen Ängsten zum Trotz Hilfen, um dein Leben vertrauensvoll und kreativ zu gestalten. Strebe an, dass du die Angst vor der Angst besiegst. Es gibt zahlreiche Anlässe, die Ängste in dir auslösen können, aber auch Möglichkeiten, dich Ängsten bewusst zu stellen und sie aufzulösen, Ängste vor bestimmten Begebenheiten grundsätzlich zu verlieren.

Karmische Ängste

Aus dem Speicher unserer Seele

Es gibt Ängste, die ihren Ursprung weder in diesem Leben haben noch, wie dann meistens vermutet, aus dem Erleben unserer Ahnen herrühren. Wir sprechen dann von karmischen Ängsten.

> *Mit meiner Familie besuchte ich ein norwegisches Schau-Bergwerk. Auf dem Weg hinein fuhr die Grubenbahn durch einen engen, dunklen Schacht. Ich bekam Panik und fuhr mit dem Gegenzug unverzüglich und mit geschlossenen Augen wieder zurück. Es dauerte gut eine Stunde, bis die Panik einigermaßen verflogen war, die mich befallen hatte. Woher kam das? Nach unserer Rückkehr besprach ich das mit einer Heiler-Kollegin. Aufgrund einiger Eingebungen hatte ich den Verdacht, dass die Ursache nicht im derzeitigen Leben zu suchen sei, etwa im Geburtserleben. Wir nahmen eine Rückführung vor.*
>
> *Sofort sah ich die Szene, die mir schon einmal in der Meditation nach dem Panikanfall begegnet war: Es war um 1880 in einem Leben in Kanada. Ich stand an der Öffnung eines senkrechten Schachtes, der in eine Goldgrube führte, und schrie einige Befehle hinunter. Dann glitt ich aus und stürzte mit einem lauten Schrei hinab. Die Erinnerung an diesen Unfall lösten wir mit einer Intervention, indem wir die Szene noch einmal aufriefen. Meine Kollegin sagte bestimmend, da sei ein Seil, nach dem ich jetzt greifen solle. Tatsächlich lief der Film jetzt anders ab. Ich griff zu und einige in der Nähe stehende Männer zogen mich unversehrt aus dem Schacht.*

Diese Interventionstechnik hatten wir bei Patientinnen und Patienten schon oft erfolgreich angewendet, zum Beispiel bei einer Frau, die Panik bekam, wenn sie in ein Dampfbad gehen sollte. Sie wurde

einmal auf einem Scheiterhaufen verbrannt, in den man, um sie besonders zu quälen, mehrfach Wasser goss.
Ein brasilianischer Seminarteilnehmer erzählte mir, er könne nicht im Atlantik baden und gerate allein schon bei dem Gedanken daran in Panik. In der Rückführung gab es dafür mehrere Anlässe. Ich wählte eine Schiffskatastrophe und ließ ihm beim Ertrinken von drei Delfinen an Land tragen. Heute badet er überall und ohne jegliche Angst.

Eine **Belastung aus den Ahnenlinien** ist ebenfalls zu den karmischen Ängsten zu zählen.
Manche schamanischen Behandlungen, aber auch Verfahren der Traditionellen Chinesischen Medizin (TCM) richten ihren Blick erfolgreich auf Ängste und Phobien, die wir aus unseren Ahnenlinien übernommen haben. Das kann viele Generationen zurückreichen, und es ist erstaunlich, wie schnell nach einer energetischen Auflösung, verknüpft mit einer Bitte oder einem Gebet um Auflösung, Ängste und damit verbundene, sonst unerklärliche körperliche Symptome verschwinden.

Diese Formen karmischer Angstbelastungen und ihre Auflösung mögen bezweifelt, ja belächelt werden. Was gilt, ist der Erfolg, das Ergebnis. Wissenschaftlich allgemein belegt ist beispielsweise, dass Ängste, die eine Kriegsgeneration geprägt haben, kollektiv und – je nach konkretem Erleben – individuell bis in die dritte Generation gehende Auswirkungen haben können. Was unsere Eltern und Großeltern an der Front, auf der Flucht, in Bombennächten oder Konzentrationslagern mitgemacht haben, prägt noch die Generationen der Enkel und Urenkel.

Es ist überaus sinnvoll, sich bei den konkreten Anlässen und auch ganz grundsätzlich diesen Ebenen zu stellen, wenn wir uns aus der Umklammerung von Ängsten lösen wollen. Auch Angst vor Not und Armut oder vor dem Verlust von sozialer Anerkennung hat ihre Ursachen recht oft in diesen Dimensionen, allerdings auch in eigenen Kindheitserfahrungen.

Eine Frau beispielsweise, die im Alter von drei Jahren für gut sechs Monate von ihrer Mutter getrennt leben musste, kam von sich aus nicht auf den Gedanken, dass dieses offenkundig einschneidende Erleben der Grund dafür sein konnte, dass sie von ihrer Jugend an ein übersteigertes Sicherheitsbedürfnis entwickelt hatte. Ihr wurde in unseren Gesprächen klar, dass sie fast zu jeder Zeit an Entscheidungsschwellen im Leben stets diejenige Option wählte, die den höchsten Grad an Sicherheit versprach. Das betraf die Wahl des Studienfaches, die nicht nach dem Herzenswunsch erfolgte, sondern sich an der Wahrscheinlichkeit einer staatlichen Anstellung orientierte; es betraf die Partnerwahl und im weiteren Verlauf jegliches finanzielle oder berufliche Kalkül. Auch hier war es erst eine späte schmerzvolle Scheidung, die ihr zur Erkenntnis verhalf. Denn ihr eigenes Handlungsmuster versuchte sie eindringlich, ja eher übergriffig auf ihren Partner und ihre Kinder zu übertragen, wenn es um deren berufliche Entscheidungen oder die Ausbildungen ging.

Ein Sicherheitsbedürfnis, das aus derartigen Kindheitserlebnissen entspringt, ist oft gepaart mit der Angst vor Kontrollverlust. Damit führt es zum Kontrollbedürfnis über sich selbst und andere Personen, ja regelrecht zu Kontrollzwängen. Die Zeichen für diesen Zwang beginnen mit körperlichen Symptomen, die allein schon aufzeigen, wie schwer davon geplagte Menschen sich tun, in einen entspannten Zustand zu geraten.

Die Frau, die vor mir auf der Behandlungsliege lag, blickte nervös, ja schon beinahe wild um sich her, jede Sekunde in eine andere Richtung. „Schließen Sie doch mal entspannt die Augen", bemerkte ich. „Das kann ich nicht", kam es schwer schluckend aus ihr heraus. „Und warum sind Sie hier?", fragte ich. „Ich will loslassen", antwortete sie ein wenig verwundert. Ich konnte nicht umhin, ihr lächelnd zu sagen, sie habe eine „Texaner-Phobie". Dieses Muster ist benannt nach einem Cowboy, der auf einem Stuhl in der Ecke des Saloons alles und alle nervös im Auge behält, beide Hände an seine durchgeladenen Colts gelegt. Es dauerte mehrere Behandlungen, bis diese Frau in der Lage war, ihre Kontrolle aufzugeben und zu begreifen, wie sehr ihr Leben und ihre Kraft jahrzehntelang darunter gelitten hatten.

Beschäftigen wir uns nun mit der **Angst vor Verlust der Anerkennung.**

Kannst du „Nein" sagen, wenn Wünsche an dich herangetragen werden, bei denen sich alles in dir vor klarer Ablehnung zusammenzieht?
„Eher nicht", antworten mir viele Menschen, insbesondere Frauen, die der Meinung sind, sich ihrem sozialen Netzwerk nicht entziehen zu können.

„Bei uns im Dorf kannst du doch nicht ablehnen, wenn wir ein Fest veranstalten und bei den Landfrauen oder im Heimatverein die Aufgaben verteilt werden. Das geht nicht!" Meine Patientin litt seit Jahren an Krebs und kam mit schlechter Diagnose zu uns. Selbst noch in diesem Zustand gönnte sie sich keine Ruhe, keine Auszeit, fuhr geradezu zwanghaft damit fort, jede Arbeit zu übernehmen, jede Funktion zu erfüllen, die ihr der schon stark geschwächte Körper gerade noch gestattete. Zudem war ihr Terminkalender gefüllt mit medizinischen Einträgen. „Kannst

du die nächsten 14 Tage vielleicht mal nichts tun, sondern versuchen, zu dir selbst zu kommen?", fragte ich vorsichtig. „Das ist ausgeschlossen", kam fast entrüstet die Antwort. „Nächste Woche fahre ich drei Tage nach Heidelberg. Ich habe dem Professor versprochen, dass er mich und meinen wohl eher seltenen Fall seinen Studenten vorstellen darf. Dazu braucht er mich in der Vorlesung."

Welche Register sollte ein Körper dann noch ziehen können, um Menschen wie diese Frau zu Erkenntnissen zu bewegen? Am Ende kann er nur den Betrieb einstellen, um die Seele zu befreien. Ungebremst bis in den unvermeidlichen Tod, dachte ich nach diesen Behandlungen. Die fragwürdige Wirkung kollektiver sozialer Zwänge, die ich hier nur andeuten kann, funktioniert deshalb, weil so viele Menschen den Verlust sozialer Anerkennung mehr fürchten als alles andere. Sie entwickeln geradezu eine schützende Prophylaxe gegen diese Gefahr: das so getaufte „Helfersyndrom", gespeist aus einer krankmachenden Mischung des Bedürfnisses nach Anerkennung und Zugehörigkeit sowie Mitleid.

Das Ergebnis ist geradezu paradox und spiegelt sich in einem bekannten Pfadfinder-Witz wider: Eingedenk der Regel „Allezeit bereit" erzählt ein Pfadfinder dem anderen, er habe auch heute wieder seine tägliche gute Tat verrichten wollen und einer gebrechlichen alten Dame bei starkem Verkehr über den Zebrastreifen geholfen. Die Dame aber habe gezetert und versucht, sich loszureißen... „Sag mal", kontert der andere Pfadfinder, „hat sie überhaupt über die Straße gewollt?"

Achte mal in deinem eigenen Handeln und dem der Menschen um dich herum auf Zeichen für ein derartiges Zwangsverhalten. Du tust gut daran, immer wenn du dich dabei ertappst, die Notbremse zu ziehen. Ja, es mag gewöhnungsbedürftig sein, wenn du eine fragwürdige Handlung selbst und für Dritte scheinbar unmotiviert abbrichst. Lass sie sich wundern oder darüber lachen, und lache auch selbst über dich, wenn du dich doch wieder einmal bei einem solchen Muster ertappst. Mit Ärger über dich selbst kommst du dem nicht bei.

Du wirst immer besser darin werden und das erkannte Muster irgendwann gar nicht mehr bedienen: damit aufhören, Dinge zu tun, die andere Menschen vielleicht aus Gewohnheit gerne annehmen, die ihnen vielleicht aber doch eher peinlich sind. Sich nicht gegen „gut gemeinte" Übergriffe zu wehren entspringt spiegelbildlich demselben Verhaltensmuster. *„Wenn es jemand gut mit dir meint", pflegt eine lebenserfahrene Tante von uns zu raten, „dann renn weg, so schnell du kannst."*

Wir kommen nun zu der **Angst vor Orientierungs- und Kontrollverlust.**

Die meisten Menschen streben danach, sich im Alltag auf möglichst bekannten Pfaden zu bewegen. Sie ziehen es vor, sich in sozialen Systemen zu bewegen, die sie kennen, und sich in gestalteten Rahmen aufzuhalten, die sie beherrschen. Neues wird tendenziell abgelehnt, solange es danach aussieht, als würde das vertraute Orientierungssystem stark beeinträchtigt oder gar zerstört. Das ist im Grunde verständlich, aber ebenso schnell beschränkend, wenn Veränderungen dringend geboten sind und dann rasch Angst einflößen. Die Reizschwelle, an der Ängste auftreten, liegt von Mensch zu Mensch unterschiedlich.

Doch es gibt auch kollektive Ängste, die stark auf den Einzelnen einwirken: Arbeitslosigkeit, Krieg, Hunger, Umweltzerstörung oder Finanzkrisen – ganz besonders eindrucksvoll auch die kollektiven und individuellen Verhaltensweisen unter dem ungewohnten Eindruck einer Pandemie. Da hielten und halten sich psychische Probleme durch Restriktionen und Panik vor Infektionen die Waage. Im Extremfall treffen hier zwei Lager mit unterschiedlichen irrationalen Zügen aufeinander: auf der einen Seite die Angst vor der dämonisierten Krankheit und der Todesrate, auf der anderen Seite die verdrängte Angst der Leugnenden, die Zuflucht in Verschwörungstheorien sucht. Es handelt sich dabei um Polarisierungen, die genau eines ausschließen: Gesundheit durch entspanntes Sein und Vertrauen in unsere Selbstheilungskräfte.

Phobien und Verschwörungstheorien sind sozial-kulturelle Provokationen. Sie werden auch begünstigt durch die Angst vor „Überfremdung", etwa durch Asylanten, verbunden mit der Furcht vor Kriminalität, Arbeitsplatzverlust oder dem Kollaps sozialer Sicherungssysteme.

Was aber, fragst du jetzt vielleicht, hat das alles mit unserem Thema zu tun, mit den Zeichen in unserem Leben?
Sehr viel, denn Ängste führen unweigerlich zu einer meistens starken Verengung deines Horizontes, engen also das Spektrum deiner Wahrnehmungen extrem ein. Das, was du für wahr hältst, erfährt eine Interpretation, die nichts infrage stellt, sondern ausnahmslos eingefügt wird in eine Beweiskette, die dein in Ängsten gründendes Weltbild bestätigt. Ist die Wahrnehmung von Zeichen in deinem Leben, solange du einigermaßen offen dafür bist, funktional einer Leitplanke am Straßenrand vergleichbar, mutiert sie zunächst in eine Leidplanke, die deine mentale Abwärtsspirale begleitet. Am Ende bleibt ein fataler Konstruktivismus in deiner Zeichendeutung,

der die Blase, in die du dich begibst, als dein Sicherheit stiftendes Paralleluniversum begründet. Dann bleibt dir nur der Zwang, jedes Warnzeichen als Angriff feindlicher Mächte zu interpretieren, die sich gegen dich und die Menschheit verschworen haben. Liebe mutiert zu Hass.

Die Angst vor Kontrollverlust hat eine bei weitem noch immer unterschätzte individuelle Komponente: den Missbrauch. Im weitesten Sinne ist jede Form der Freiheitsberaubung ein Missbrauch, doch spielt der körperlich-sexuelle Missbrauch hierbei die bedeutendste Rolle. Dieses gesellschaftliche Tabuthema offenbart sich keineswegs nur im Spiegel der Übergriffe in kirchlichen Einrichtungen. Statistisch dürfte mindestens jeder zweite Mensch schon in irgendeiner Form Missbrauchserfahrungen gemacht haben, wenn wir allein unsere Behandlungserfahrungen hochzurechnen wagen. Dabei spielt weder das Geschlecht noch die Intensität oder Frequenz speziell der sexuellen Übergriffe eine bedeutende Rolle. Das Thema ist nicht nur hoch sensibel, sondern verdient eine sehr differenzierte Betrachtung, die ich in diesem thematischen Rahmen weder leisten kann noch will.

Was die Zeichen in diesem Zusammenhang angeht, möchte ich dich dafür aber sensibilisieren – egal, ob du selbst betroffen bist oder nicht. Denn dir werden immer Menschen begegnen, deren Verhalten von Missbrauchserfahrungen mit geprägt ist. Sie können zwei im Extremfall unterschiedliche Reaktionsmuster auslösen, die jedoch beide auf einer bewussten oder unbewussten Opferhaltung beruhen: entweder eine passive, immer wieder scheinbar wehrlos leidende Verhaltensweise, oder aber ein aggressiver Zorn gegen einzelne Peiniger, der sich jedoch auch vorwurfsvoll gegen das Kollektiv richten kann.

Im ersten Fall ist es schwer, diesen Menschen zu einem Selbstbewusstsein zu verhelfen, beginnend mit der Übung, das Nein-Sagen im Leben ganz grundsätzlich zu erlernen. Schwerer ist es im zweiten Fall aber auch, Wege aus dem Zorn zu ebnen, denn damit ist stets die Notwendigkeit verbunden, verzeihen zu können. Dieses Ansinnen kann zu heftigsten Wutausbrüchen auch gegen therapeutische Begleitpersonen führen.

Der Teufelskreis für Missbrauchsopfer besteht generell darin, dass sie – unabhängig vom individuellen Reaktionsmuster – mental wie in der Körpersprache Zeichen an ihr Umfeld senden, die sie als Opfer markieren und somit Wiederholungen im Erleben geradezu provozieren. Im Extremfall inszenieren sich Missbrauchsopfer beispielsweise auf ihrer Webseite. Sie tun das in der festen Überzeugung, damit gesellschaftlich aufklärend zu wirken oder helfend dabei mitwirken zu können. Im Kern aber geht es um Mitleid und Hadern mit dem Schicksal. Aufarbeitung bedeutet sowohl Konfrontation als auch Verzeihen.

Auch diese Sätze dürften bei vielen betroffenen Menschen nicht gut ankommen. Doch wenn ich Botschaften gebe, die ich für sinnvoll halte, liegt die Reaktion nicht in meiner Verantwortung. Diese Lektion habe auch ich erst lernen müssen.

Egal, ob dich das Thema betrifft oder das trifft, was ich dazu schreibe: Es geht darum, dass du dir bewusst machst, welche Zeichen du mit deinem Verhalten sendest und welche Resonanzen sie hervorrufen.

Zum Schluss folgt nun die **Angst vor Trennung, Tod und Alleinsein.**

Mach dir noch einmal klar, dass es Tausende und Abertausende, bewusste und unbewusste Ängste gibt: Angst vor der Dunkelheit,

Existenzangst, Angst vor Nähe, Angst davor, allein zu sein, Angst vor Krankheit, vor Arbeitslosigkeit, Angst vor dem Fremden, dem Unbekannten, Prüfungsangst, Angst vor Überfremdung in unserer Gesellschaft, Angst um die Kinder, Angst vor der Zukunft, Angst vor Armut, Angst vor sexuellen Übergriffen, Angst vor Gewalt, Angst vor Krieg und Pandemien, Angst vor Schmerzen, Angst vor Umweltverschmutzung, spirituelle Angst, Angst vor Spinnen, vor Menschenmassen und, ja, sogar eine ganz tiefe, oft unbewusste Angst davor, erfolgreich zu sein… Ich könnte hier noch unendlich weiter fortfahren, und jede dieser Ängste ist für sich genommen eine eigene Angst.

Doch kennst du die eine Quelle aller Ängste, die Mutter aller Ängste, die Urangst?

Die Angst vor dem Tod ist die Mutter aller Ängste, die Angst, fortan ausgelöscht, einfach weg zu sein.
Diese Angst hat zwei Seiten: Die instinktive angeborene Angst vor dem Tod ist überlebenswichtig. Sie sichert dir dein Überleben, sie bewahrt dich (normalerweise) davor, dich lebensgefährlichen Situationen auszusetzen, und sorgt dafür, dass das Leben so stark ist. Diese Angst ist es nicht, die uns quält.

Quälen können uns nur unsere (ir)rationalen Gedanken oder vielmehr nicht Gedanken, sondern die Tatsache, dass der Tod uns fremd geworden ist, wir uns des Todes selten bewusst sind. Sterben und Tod verlegen wir in Krankenhäuser. Auch Tote bahren wir nicht mehr zu Hause auf. Wenn der Tod in irgendeiner Form unser Leben berührt, trifft es uns oft unerwartet.

Die Angst vor dem Tod ist es, die wir gemeinhin am allerbesten verdrängen. Würden wir in einer Verpackung geboren, trüge diese vielleicht die rechtlich bindende Aufschrift „Leben ist tödlich".
Unser Leben zwischen Geburt und Tod ist begrenzt von diesen zwei Polen im Zeitstrahl. Jede Sekunde, die wir leben, bringt uns näher an unser Ende. Nicht selten jedoch berichten Menschen, die angesichts tödlicher Krankheiten oder Unfällen dem Tod nochmal von der Schippe gesprungen sind, dass dieses Erlebnis ihr Leben deutlich verändert hat. Dasselbe gilt für sogenannte Nahtoderfahrungen. Solche Erlebnisse verändern unser Sein oft ganz erheblich, denn viele der Menschen, die bei Unfällen und Operationen zeitweilig schon im Übergang waren, sind durch ihre Wahrnehmungen zutiefst betroffen.

Zumeist aber verhalten wir uns so, als lebten wir ewig. Erst eine eigene schwere Krankheit oder der Tod eines lieben Menschen, eines Elternteils, eines Freundes ist es gemeinhin, der uns dann jäh aus dieser Verdrängung reißt. Auch hier gibt es letztendlich zwei Dinge, die schmerzen: Wir werden uns oft erst in diesem Moment wieder der Endlichkeit unseres eigenen Lebens hier auf der Erde bewusst. Wir sind nicht im Reinen mit uns, unserem Leben, dem Menschen, der ging, oder den Menschen, die wir vielleicht bald verlassen müssen. Wenn wir jedoch die einzige Tatsache, die unsere Zukunft betrifft, ernst nehmen und mit unserem Geist wirklich durchdringen, wird das Leben viel leichter.

Fragen für dich:
Wie geht es mir damit? Welche Rolle spielt der Tod bislang in meinem (Er) Leben?
Verdränge ich das Thema?

Wie bin ich dem Tod schon begegnet?
Wie habe ich den Tod nahestehender Menschen erlebt und verarbeitet?
War ich Zeuge bei Unfällen mit Todesfolge?
Wie ist es mir dabei ergangen?
Was habe ich bei Geburten empfunden?
Habe ich schon einmal an Selbstmord gedacht? Oder war ich mit diesem Thema konfrontiert?

Vielleicht mache ich dir Mut, mit dem Thema entspannter umzugehen, wenn ich meinen eigenen Weg aus der Todesangst schildere, der sehr viel mit meiner spirituellen Bewusstwerdung zu tun hat.

Meine eigene spirituelle Rückbesinnung begann, als ich Mitte 30 war. Sie war die Folge von Todesfällen und Geburten zugleich. Nicht selten geschieht es, dass, wenn ein neuer Mensch in die Familie kommt, zugleich ein anderer aus der Familie geht. Ich weinte, als plötzlich geliebte Menschen gegangen waren, und ebenso, als mit meinen beiden Kindern genauso plötzlich zwei „neue" Menschen einfach da waren. Mir wurde bewusst, was es bedeutet, wenn wir lapidar sagen: „Menschen kommen und gehen."

Aus meiner medialen Anbindung weiß ich, dass es nicht einfach ein Leben nach dem Tode gibt, sondern einen steten Wechsel der Ebenen. Viele Menschen, mit denen ich zu tun habe, haben um die 500 Inkarnationen hinter sich und schicken sich – wenn alles gut läuft – gerade in diesem Leben an, „aufzusteigen", das heißt, den Reigen ihrer Inkarnationen zu beenden. Darüber wird in diesen Jahren viel geredet und geschrieben, aber oft wenig begriffen.

Mach dir zum Beispiel bewusst: Wenn du wegen „guter Führung", also liebevollem Sein und Wirken, aufsteigst, wechselst du keineswegs in die Einheit, also zurück in die „Eine Energie". Nicht deine

Wiedervereinigung mit der Quelle steht an, sondern die Fortsetzung deiner Existenz in der ebenfalls dualen Ebene der Geistigen Welt. Vor einem Aufstieg sind wir Pendlerinnen und Pendler, mal hier, mal dort. Auch in der Geistigen Welt leben und lernen wir, planen schließlich unser Leben auf der Erde wie ein Theaterstück mit denen, die in der nächsten Runde an unserer Seite sein werden, in welcher Gestalt und zu welchem Erleben auch immer.

Vieles, was ich durch Channeling erfuhr und was mir recht unbewusst einfach vertraut schien, brachte Michael Newton ans Licht, indem es ihm gelang, Menschen unter Hypnose in ihre Leben zwischen den Leben zurückzuführen. Das erfolgte aus therapeutischen Zwecken, und dennoch legte er mit den Gesprächen offen, wie selbstverständlich sich Seelen auf die Reise von der einen in die andere Dimension begeben, wenn sie sich vom Körper gelöst haben.[3] Da spielt sich uns das eben abgeschlossene Leben noch einmal im Zeitraffer vor, gleichsam als Quintessenz, wie es auch Menschen berichten, die Nahtoderlebnisse hatten und in den Körper zurückkehrten. Solche Filme schauen wir uns auch an, bevor wir wieder inkarnieren, sehen die Varianten, die zur Wahl stehen, im Simulator, gemeinsam mit künftigen Partnern und unseren Ratgebern in der Geistigen Welt. Daher rühren zum Beispiel die sogenannten „Déjà-vu-Erlebnisse“. Zwischendurch lernen wir in unserer Seelengruppe, unternehmen Reisen, führen Coaching-Gespräche. Hochspannend ist das – und bei weitem kein Grund, Todesangst zu entwickeln. Im Gegenteil: Wer all dies weiß, wünscht der Seele eine gute Reise, wohin auch immer. Gib Sterbende frei und damit sich selbst.

Ich erinnerte mich an meine frühe Kindheit. Oft lag ich an Abenden lange wach, fragte mich, ob diese Welt denn endlich sei, das Universum begrenzt, was außerhalb des Universums sei und wo Gott sich aufhalte. Ich versuchte, mir den Tod vorzustellen, beschloss, das Sterben zu simulieren, alle Gedanken auszuschalten, in der Ruhe, der „Totenstille" zu sein. So lernte ich ganz nebenbei als Kind schon, ganz tief zu meditieren. Doch am Ende war ich immer noch da. Mein Herz schlug, alles pulsierte. Ich sah mit geschlossenen Augen die vielfältigsten Farbspiele, obgleich es völlig dunkel im Zimmer war. Sterben war irgendwie unmöglich. Es gab auch keine Totenstille.

Im Sterbe-Simulator

Erst mit fast 60 Jahren hatte ich ein wundersames Erlebnis: In der Meditation lag ich plötzlich auf dem Sterbebett. Mir war völlig klar, gleich gehst du, der Moment ist gekommen. Um meinen Körper herum entflammte Energie wie ein Feuerkranz, meine Seelenenergie löste sich aus der Materie, begann sich in Sekundenschnelle zu heben, um gleich schon davonzuschweben. Ich war total aufgeregt. Blitzartig war mir bewusst, dass meine geistigen Helfer mich diesen Zustand im „Sterbe-Simulator" erleben ließen, um mir die Leichtigkeit des Übergangs in Erinnerung zu rufen. Ja, es war geradezu ein gewohnter Zustand. Schon wuchs die Vorfreude auf die Abreise.

Doch da war noch eine andere Schwingung: Ich hörte mich die Namen einiger Menschen rufen, von denen ich in diesem Leben offensichtlich noch nicht wirksam Abschied genommen hatte. Dieses Gefühl hielt mich fest im Abflug, wie ein Klebeband. Dann lag ich – rums – wieder auf dem Bett und bekam gesagt: „Soll das einmal so ablaufen? Oder bist du endlich bereit, diese einst geliebten Menschen gehen zu lassen, sie nicht auf ihrem Weg aufzuhalten und auszubremsen? Begreife: Wenn ihr einmal geht, solltet ihr leicht sein, ungebunden und niemanden mehr an euch binden.“

Kannst du dir vorstellen, wie dankbar ich bin für diese Sterbe-Simulation?

Tod und Heilung

In meiner früheren Arbeit als Heiler begegnete ich dem Thema „Tod“ fortwährend, vor allem der Todesangst von Patientinnen und Patienten. Seit diesem eben beschriebenen einschneidenden Erlebnis wuchs auffallend die Zahl vom Tode bedrohter Hilfesuchender in meiner Praxis. Wie hätte ich mit ihnen das Thema bearbeiten können, von Loslassen reden, ohne diese Unterweisung, die sich anfühlte wie eine Rückführung in die geradezu aufregende Stimmung des Seitenwechsels?

Ich lernte daraus: Wer Menschen im Tode begleitet, sollte zuerst selbst zum Sterben bereit sein. Versteh mich richtig: Ich meine nicht jetzt, nicht aus eigener Weltflucht und Lebensfeindlichkeit heraus, sondern aus voller Lebensbejahung und Lebensfreude, im Wissen vom Geheimnis des ewigen Sterbens und Werdens.

Vor allem Krebspatienten konfrontierten mich mit ihrer Todesangst, doch auch die mir berichteten Sprüche mancher Ärzte mit menschenverachtenden Formen mentaler Sterbehilfe: *„Fahren Sie nochmal an die Nordsee, dann suchen Sie sich einen Platz im Hospiz oder im Altenheim…“*

Gerade denke ich an eine Patientin, die ihren Krebs überwinden wollte und auf dem besten Weg dahin war. Nach einer Reiki-Einweihung machte sie erstaunliche Fortschritte – bis ihr eines Tages bei einer medizinischen Kontrolle gesagt wurde, sie solle sich doch trotz besserer Werte nicht einbilden, dass sie das überleben könne, und sich endlich mal im Hospiz anmelden. Sie tat es und beschloss zu sterben. Ich war vom Donner gerührt, sagte ihr beim letzten Besuch: „Bitte entschuldige, du hast einen Knall. Aber du bist auch frei zu gehen." Dann gab ich ihr Energie. Sie schlief ein, erwachte nach 20 Minuten, sprang mit leuchtenden Augen aus dem Bett und sprühte geradezu vor Kraft. Dieses neuerliche Zeichen ihres Körpers konnte sie jedoch nicht mehr überzeugen. Ihr Blick ermattete, sie sank unkontrolliert in sich zusammen und meinte, sie müsse sich trotz allem wohl in das Schicksal fügen.

Ich schrieb – es war Anfang November – noch an der Bushaltestelle dieses Gedicht:

Hospiz

Gelöst nun
ist das Blatt
vom Zweig
der Kastanie.

Eingezogen der
Sonnenstrahl,
der es noch eben
im Licht badete.

Wenig Grün,
sattes Gelb
so löst es
sich vom Zweig.

Wiege deine Seele
in der Blätterhand,
die Halt macht
am Fensterspalt.

Lass dich tragen
vom Herbstwind
in den Frieden
lichter Höhen.

In den meisten Fällen habe ich vom Tode „gezeichnete“ Menschen ermutigt, selbst zu fühlen und zu entscheiden, ob und wann sie gehen möchten – oder eben noch nicht. Mein eigener Vater sprach sehr offen und friedvoll darüber, dass seine Zeit gekommen sei. Auch wenn der Geist noch sehr lebendig sei, so zeige ihm der schwache Körper, dass es besser sei, loszulassen. Doch er frage sich, ob er nicht doch noch in wenigen Wochen seinen 90. Geburtstag feiern solle. Das beschloss er. Wir luden einen kleinen Kreis enger Wegbegleiter zu einer kurzen Feier ein. Mein Vater hielt noch eine erstaunlich konzentrierte zehnminütige Rede (wie in „alten Zeiten“) und bat dann um Verständnis, dass er zum gemeinsamen Mittagessen keine Kraft mehr habe. Er verabschiedete sich von mir mit einem warmen „Danke“ und ging wenige Tage später friedlich, mit dem 12-Uhr-Glockenschlag der nahen Kirche.
Bei anderen Gelegenheiten aber hatte ich erhebliche Zweifel am Sterbewillen derjenigen Menschen, die ich auf Bitten ihrer Familien besuchen sollte. Selbst dann, wenn sie nicht gut kommunizieren konnten, achtete ich auf Zeichen oder mediale Hinweise, die ich bekam.

In einem anderen Hospiz suchte ich, als Familienmitglied getarnt, eine etwa 70-jährige Frau auf. Die Familie lag im heftigen Streit mit der Hospiz-Ärztin und dem Pflegepersonal. Die waren der Auffassung, man solle im Sterbeprozess dieser Frau ein wenig nachhelfen, auch bei der Auswahl der Medikamente. Es klang schon fast nach Sterbehilfe. Die Familie war dagegen bereit, loszulassen, hatte aber den für mich gerechtfertigten Eindruck gewonnen, dass ihre Verwandte noch Lebenswillen zeige, ja sogar Freude. Bei meinem Besuch lächelte die alte Dame mich an und gab mir, medial wahrgenommen, mit ihren Gedanken eine Botschaft. Ich frage ihre Enkeltochter, ob ihre Großmutter gerne gezeichnet habe. Überrascht bejahte sie. Man möge ihr Papier und Zeichenstifte hinlegen, erbat ich. Tage später erhielt ich die Nachricht, dass sie mit sichtlicher Freude angefangen habe zu skizzieren. Leider hörte ich danach nichts mehr von der Familie über dieses Sterbedrama.

Ohne urteilen zu wollen: Selbst dann, wenn es die letzten Stunden eines Lebens sein mögen, tun wir doch gut daran, Sterbenden eine Freude zu bereiten. Wo immer, auch im Hospiz, möchte ich jedenfalls selbst entscheiden dürfen – sofern mir das vergönnt ist –, ob und wann meine Sterbestunde schlägt.

Die schon angeführten Nahtoderlebnisse verhelfen auch Skeptikern zu der Erkenntnis, dass wir mit hoher Wahrscheinlichkeit nicht nur einmal durch den Geburtskanal kommen und diese Ebene dann durch die Trennung unserer Seele vom Körper wieder verlassen. Dein Leben wurde dir geschenkt, wie viele andere zuvor auch schon. Ebenso wie du dich zwischen den Polen von Liebe und Hass bewegen kannst, liegt es in deiner Selbstverantwortung, ob du dein Leben liebst oder wegwirfst.

Mir begegnen auch Menschen, denen der eigene Tod nicht als Schrecken erscheint, weil sie ihrem Leben keinen Sinn mehr beimessen. Das gipfelt im Selbstmord. Sofern diese Todessehnsucht nicht durch „Fremdenergien“ (sprich: Besetzungen) provoziert wird, ist die Drohung damit nichts anderes als der Versuch, von anderen Menschen Liebe für sich selbst zu erpressen. Es geht dabei genau um die Liebe, die diese Menschen sich selbst verweigern. Lässt du dich auf solche Selbstmorddrohungen ein, gibst du deine Freiheit und Selbstliebe auf.

Liebe kann man nicht befehlen, schon gar nicht durch die Erpressung mit Selbstmord – ebenso wenig, wie man diese durch eine Heilbehandlung „auflösen" kann. Sie ist da oder nicht.

Auch in solchen Ausnahmesituationen trägst ausschließlich du die Verantwortung für dich selbst, jedenfalls unter karmischen Gesichtspunkten. Diejenigen, die einen Selbstmord nicht zu verhindern suchen, sehen sich rechtlich eventuell mit dem Vorwurf „unterlassener Hilfeleistung" konfrontiert. Aus der Sicht der Schöpfung aber liegt die Verantwortung bei jedem allein. Die meisten Menschen, die mit Selbstmord drohen, haben zwar der Liebe und dem Leben eine Kündigung erteilt, dennoch spüren sie Todesangst. Sie wollen nicht gehen, sondern Aufmerksamkeit bekommen. Jede Zuwendung jedoch bleibt ergebnislos, solange „Selbstmordkandidaten" nicht von sich aus beschließen, den Blick in eine andere Richtung zu lenken und ihrem Leben wieder einen Sinn zu verleihen.

Lebenssinn entsteht aus Herzenswünschen, nicht aus Hirnkonstrukten oder Einflüsterungen Dritter. Zeichen für dich gibt es genug, solltest du dich in solche Zustände verirren. Dazu gehören auch Zeichen der Liebe. Sie bestehen allerdings nicht im selbst-lieblosen Akt der Unterwerfung eines anderen Menschen unter das Diktat deiner Selbstmorddrohungen.

Manche Tode geschehen plötzlich. Wir haben dann keine Zeit mehr, um Abschied zu nehmen auf dieser Ebene. So erging es uns, als eine geliebte Freundin plötzlich von uns ging. Das ist sehr schmerzhaft und traurig, doch müssen wir deshalb auf ewig daran festhalten und in einem dauerhaften Trauerzustand verharren?

In einer Mailgruppe bat einmal eine Reiki-Meisterin um Hilfe: Ihr Vater leide schwer an Diabetes. Ihm sei bereits ein Arm amputiert worden, nun solle er auch noch ein Bein verlieren. Wir möchten doch mit unseren heilenden Energien eingreifen, um das abzuwenden.
Mich beschlich ein komisches Gefühl. Gerade hatte ich gelernt, dass auch lebende Menschen mich auf einer anderen Ebene als Medium nutzten, um Verwandten und Freunden Nachrichten zu übermitteln. Von meinen Ratgebern in der Geistigen Welt ermuntert, nahm ich also medial Kontakt zu diesem Mann auf. „Ich möchte gehen“, sagte dieser mir mit ruhiger Stimme, „aber meine Familie lässt mich nicht sterben. Und so gehe ich gleichsam in Stücken, Glied für Glied, aber sie verstehen diese Botschaft nicht. Sag ihnen, sie mögen mich loslassen!“ Dann zeigte er mir noch einen Schmuck. „Das ist ägyptisch. Beschreib ihn meiner Tochter, wenn es nötig ist.“ Ich rief die Tochter an, die mir abweisend und geradezu aggressiv begegnete und mir keinen Glauben schenken wollte. Erst nachdem ich ihr den Schmuck beschrieb, brach sie in Tränen aus. „Den hat er selbst nach alten Vorbildern gebastelt, das konntest du wirklich nicht wissen.“ Das Umdenken in der Familie nahm einige Tage in Anspruch. Kurz nach der Mitteilung, man habe sich mit einigen Ritualen und bei einem Besuch verabschiedet, verstarb der Vater in Frieden.

Abschiede haben – nicht nur beim Tod – eine zentrale Bedeutung in unserem Leben. Die Angst vor Trennung und Alleinsein, ja sogar vor Umzügen kommt oft der Angst vor dem Tod gleich, sie löst Empfindungen völliger Entwurzelung aus. „Jeder Abschied ist ein kleiner Tod“, heißt es deshalb im sogenannten Volksmund vieler Länder.

Doch es geht nicht darum, die Trauer, den „Abschiedsschmerz“ zu verdrängen. Alles hat seine Zeit. Nimm dir diese Zeit immer. Aber lerne auch zu spüren, wenn die Zeit anbricht, sich zu lösen und loszulassen. Tust du es nicht, bindest du nicht nur dich selbst an eine Vergangenheit, die nicht mehr ist, bist nicht „gegenwärtig". Du bindest auch emotional diejenigen an dich, die gegangen sind, nötigst sie, Kontakt mit dir zu halten, verwehrst ihnen damit die Möglichkeit, ihren ganz eigenen Weg in der Schöpfung weiterzugehen oder auch gar nicht erst ins Licht zu gehen. Wie vielen „erdgebundenen" Seelen begegne ich, die mir mitteilen, sie könnten nicht gehen, da sie noch gebraucht würden.

Bindungen und Verabredungen mag es über den Tod hinaus geben. Bestimmt gestaltest du deinen nächsten Lebensplan wieder mit einigen derjenigen Seelen, mit denen du dich vielleicht schon seit Jahrtausenden gemeinsam inkarnierst und lernst. Dann werdet ihr jedoch die Rollen für ein neues Szenario verteilen. Ihr kommt und geht nicht zur selben Zeit. Wie aber eine Zeit ist zu sterben, so ist irgendwann auch die Zeit einer Geburt.

Medialität gewährt hier wunderbare Einblicke in Situationen, in denen Menschen kommen und gehen, die auf der „anderen Seite" sind. Du kannst mit den Seelen deiner Kinder vor der Geburt reden, ebenso Sterbende begleiten, wenn sie auf dieser Ebene schon keinen Kontakt mehr mit dir haben. Die Schleuse zwischen den Welten, den Dimensionen, lässt das zu. Mediale Kommunikation überwindet jede dimensionale Grenze.

Spätestens der Übergang meiner Mutter, den Anne und ich kurz begleiten und intensiv erleben durften, hat mir gezeigt, wie sehr Trauer und Freude sich vermengen können. Meine Traurigkeit schwand, als ich begann, meine

Mutter, die bereits bewusstlos war, unter Anleitung „von oben" von noch störenden Energien und Emotionen zu befreien. Auf der anderen Seite waren Familienmitglieder versammelt, um sie abzuholen. Besonders aufgeregt war mein drei Jahre zuvor verstorbener Vater, der mich drängte, zum Ende zu kommen und von einem leicht genervten, aber mild lächelnden Erzengel Gabriel mehrfach beruhigt werden musste. Mein Großvater schaltete sich ein und ergriff die Gelegenheit, mir zu sagen, dass er noch einmal in meiner alten Heimatstadt inkarniert sei, bot mir an, sich mir im jetzigen Körper zu zeigen, damit ich ihn auf der Straße erkennen könne. Ich lehnte schmunzelnd ab. Dann hieß es, wir möchten Abschied nehmen und gehen. Eine Stunde später, als wir auf dem Bahnsteig unseren Zug erwarteten, sah ich meine Eltern weißbeflügelt miteinander tanzen, freudig beklatscht vom darumstehenden Empfangskomitee.

Zu Hause gab mir Anne dann Kahlil Gibrans Text über das Geheimnis des Todes, in dem es abschließend heißt:
„Erst so ihr trinket aus dem Fluss des Schweigens,
werdet ihr wahrhaft singen.
Und erst so ihr den Gipfel des Berges erklommen,
werdet ihr anfangen zu steigen.
Und erst, so die Erde ihren Anspruch erhoben auf eure Gliedmaßen,
werdet ihr wahrhaft tanzen."

Kahlil Gibran, Der Prophet[4]

Mach dir daher bewusst, dass auf Qualen und Trauer im Diesseits stets ein Freudentanz im Jenseits folgt. Ist das etwa ein Grund für anhaltende Trauer von denen, die hierbleiben? Wünsche doch jenen, die gehen, alles Gute! Denn ihr Weg geht weiter, deiner ebenso. Danke für gemeinsame Zeiten und begib auch du dich in einen neuen Lebensabschnitt.

Lerne immer wieder Abschiede zu nehmen und loszulassen, um Neues mit ganzer Liebe und Kraft beginnen zu können. Vor jeder „Wiedergeburt" in diesem Leben durchlebst du in diesem Sinne einen „kleinen Tod". So machst du dich bereit für die größere Pause im „Jenseits", wenn sie einmal ansteht. Und vergiss nicht, bei aller Trauer auch Abschiede zu gewähren, und nimm dein Leben jetzt selbst in die sprichwörtliche Hand.

Überwindest du deine Todesangst, wirst du dir deiner Endlichkeit und Unendlichkeit zugleich bewusst. Dann relativieren sich auch alle anderen Ängste. Garantiert! Dann bist du frei für alle Zeichen-Botschaften, die dich leiten helfen.

Kapitel 7 – Vom Jenseits im Diesseits

Wahrnehmungen und Botschaften, die sprichwörtlich nicht von dieser Welt sind, begegnen dir nicht nur an den Schwellen von Leben und Tod.
Spür einmal in dich hinein: Welche Rolle spielen in deinem Leben Botschaften, die wir ohne nachzudenken gerne als „übersinnlich" oder „außersinnlich" bezeichnen?
Viele Menschen sind aufgewühlt oder sogar panisch, wenn sie damit konfrontiert werden – seien es „schreckliche" Träume, Wachträume, Eingebungen oder Gedanken. Ganz oft beziehen sie sich dabei auf einschneidende Ereignisse, wie etwa Erkrankungen, Unfälle oder Auseinandersetzungen mit anderen Menschen. Wie geht es dir dabei?

Ich lade dich ein, einige dieser „anderen Wirklichkeiten" näher zu betrachten, die den Ebenen unseres Diesseits jenseitig gegenüberstehen. Wie ist das zu begreifen, und vor allem: Welche Rolle spielt das Jenseits für dich – hier, im Diesseits?

Wahr sagen – wahr nehmen

Überrascht es dich, dass ich dieses Kapitel mit dem Wahrsagen beginne?
Aus gutem Grund, denn unser Umgang mit Jenseitigem unterliegt einem extremen Widerspruch. Obgleich es viele unterschiedliche Brücken des Zugangs zu anderen Ebenen gibt, beschreiten viele Menschen einen ganz anderen Weg, um Botschaften zu erhalten. Eine

solche Mentalität, sich derartige Botschaften zu beschaffen, entspringt der Sehnsucht nach Gewissheit. Es ist ihre freie Entscheidung, sich Methoden und Mitteln des Wahrsagens zu öffnen. Das Problem dabei besteht darin, dass sie damit die ihnen alltäglich verfügbaren Zeichen-Welten verdrängen und eigenes Wahrnehmen an andere delegieren.

Hm, wirst du nun womöglich denken, warum solltest du dir in schwierigen Situationen nicht die Hilfe anderer, worin auch immer erfahrener Menschen holen dürfen?

Um einem Missverständnis vorzubeugen: Mir geht es hier darum, einen wesentlichen Unterschied aufzuzeigen in den Erwartungen an die Hilfe Dritter und den uns unmittelbar verfügbaren Lebenshilfen. In schwierigen Lebenslagen oder vor bedeutenden Entscheidungen kann es auch für dich überaus sinnvoll sein, die Erkenntnishilfen anderer Menschen und ihres Könnens anzunehmen. Doch stellt sich die Frage nach der Art und Weise einer solchen Unterstützung. Schauen diejenigen, die dir Hilfe anbieten, in Karten, in die berühmte Glaskugel? Arbeiten sie vielleicht mit Hilfe von Numerologie oder Astrologie? Oft – doch keineswegs immer – betreiben sie damit Formen des Wahrsagens. Verstehst du Wahrsagen so, dass du mit den Botschaften, die solch kundige Menschen für dich erschließen, eine verbindliche Handlungsanleitung erhältst und / oder dass sie dir letzte Gewissheit über Ereignisse und Entwicklungen geben können und wollen, dann läufst du Gefahr, deine eigene Wahrnehmung zurückzustellen. Allenfalls fragst du dich dann, ob du einer bestimmten Person vertrauen kannst oder nicht.
Menschen, die anbieten, dich zu beraten, sind zuweilen selbst Grenzgänger. Denn der wesentliche Unterschied liegt darin, ob sie

Instrumentarien anwenden, die festen Mustern, Regeln oder begrenzten Perspektiven folgen, oder ob sie gleichsam stellvertretend für dich Zeichen und Botschaften empfangen und ob und in welcher Weise sie dich selbst einbeziehen.
Das Beispiel Karten ziehen bzw. Karten lesen möge dir das verdeutlichen:
Es kann eine Karte aus einem Kartenset gezogen werden, das Engelsbotschaften enthält, die dann verlesen werden.
Aus Kartensets, die eher auch kritische Themenkreise berühren, kann eine Karte für dich gezogen werden, die auf ein aktuelles Thema / einen Konflikt hinweist, zur Lösung Fragen aufwirft oder dich auf bestimmte Aspekte aufmerksam macht.
Oder du wirst dazu aufgefordert, aus einem oder auch mehreren Sets Karten für dich zu ziehen.

Ist es eine sehr allgemein gehaltene Botschaft, wie du sie auch jeden Morgen auf verschiedenen Internet-Profilen finden kannst, stellt sich die Frage, ob dir das hilft. Denn außer Harmoniebestreben und recht flacher universeller Weisheit wird darin selten etwas geliefert. Durch Freunde, die – meist als Ergänzung zu ihrer speziellen Therapie – mit Unterstützung von Kartensets arbeiten, weiß ich, dass es durchaus auch ganz gezielte Impulse durch das Ziehen bestimmter Karten geben kann.
Versteh mich also bitte richtig: Mir geht es nicht darum, Methoden grundsätzlich zu kritisieren oder zu verwerfen. Ganz gleich, ob Astrologie, Numerologie, Kartenlegen oder was auch immer – es geht mir um den Unterschied zwischen Formen systemischer und kanonisierter Lebensberatung und dem selbstständigen Wahrnehmen, Erkennen und Deuten von Zeichen.

Wenn andere Menschen, denen du vertraust, dir helfen, Zeichen zu deuten oder Zeichen bzw. Botschaften für dich empfangen (beispielsweise medial begabte Menschen), dann bleibt die Entscheidung bei dir, ob du etwas darauf gibst und was du tust. Du delegierst teilweise oder ganz die Suche nach Zeichen und Botschaften, bist dir aber deiner Eigenverantwortung als handelnde Person bewusst.

Eindeutig jedoch ist der Unterschied zwischen Wahrsagen und Wahrnehmen freilich in keinem Modell. Wie also ist damit umzugehen? Nutzt du zu deiner Selbstvergewisserung bestimmte Materialien oder die Hilfe anderer Menschen, dann achte darauf,

- dass Aussagen (ob von Menschen oder in ausgewählten Medien) konkrete Impulse zu Themen und Entscheidungen geben, die bei dir anstehen und sich nicht in mehr oder minder harmonischen Weisheiten erschöpfen, und
- dass die Menschen, die du für deine Begleitung wählst, nicht vom Ego geritten werden, sondern eine gute intuitive oder mediale Anbindung haben und es verstehen, individuell auf dich einzugehen.

Wie problematisch diese unterscheidbaren Erkenntnisebenen sind, zeige ich dir an dem wohl schwierigsten Beispiel der äußerst beliebten Interpretation von Zahlen.

> *„Du, immer, wenn ich im Auto oder zu Fuß unterwegs bin, sehe ich bei vorbeifahrenden Autos Nummernschilder mit Schnapszahlen. Also zum Beispiel 666. Was bedeutet das?“ Ich grinste breit und gab zunächst keine Antwort. Der Teilnehmer unseres Channeling-Workshops zuckte mit den Schultern, und wir kleideten uns an für den zehnminütigen Weg zum Mittagessen im Restaurant. Schon ging es los, fast im Sekundentakt: 111,*

444, 999, ja sogar vierstellig 8888… Gelächter und Staunen mischten sich in der Gruppe. Der Rückweg verlief genauso.
„Aber das ist doch alles klar", schaltete sich eine Teilnehmerin ein. „Das sind besondere Botschaften der Engel für dich." Am nächsten Morgen legte sie uns dann gleich zwei Bücher vor, in denen solche Zahlenkombinationen in Engelsbotschaften übersetzt werden. Schon war die Workshop-Gruppe in zwei Lager gespalten: Für einen Teil war es wie eine Offenbarung. Die anderen verharrten kopfschüttelnd in tiefer Skepsis.
Zugegeben, auch ich stand (und stehe) auf Seiten der Skeptiker – obgleich auch ich weiß, dass wir Zeichen durch Engel beziehungsweise von Engeln erhalten. Genauer betrachtet handelte es sich bei dem Feuerwerk auffälliger Zahlen durchaus um eine krasse Botschaft: Dieser Teilnehmer, dessen mediale Gaben spürbar waren, erwies sich als geradezu störrischer Verweigerer, wenn es darum ging, selbst zu channeln. Er wich seiner Befähigung aus und wollte Botschaften nur von anderen Teilnehmern erhalten. Jede Anleitung, selbst wahrzunehmen, scheiterte. So waren die Wunderzahlen auf den Autokennzeichen der fast verzweifelte Versuch der Geistigen Welt, ihn darauf aufmerksam zu machen, dass er die Zahl vor lauter Ziffern nicht sah, so wie den Wald nicht vor lauter Bäumen. Auch in vergleichbaren Fällen bei anderen Menschen fand ich diesen Zusammenhang vor.

Wenn du jetzt liest, was ich zu der Zahlenproblematik referiere, dann erspüre selbst, was sich für dich richtig anfühlt. Wir Menschen neigen schnell zu merkwürdigen Konstruktionen, gerade wenn wir Erlebnisse mit Zahlen interpretieren. Entweder dominiert dabei unser Harmoniestreben oder im Gegenteil Verunsicherung und Erschrecken. Beide Extreme versperren den klaren Blick auf das Phänomen selbst.

Reinhild war aufgewühlt. Sie berichtete mir, dass mehrfach in der Woche beim zufälligen Blick auf ihre Armbanduhr 16 Uhr und 23 Minuten angezeigt werde. Sie könne sich keinen Reim darauf machen.

Natürlich liegt in solchen Fällen der Verdacht nahe, dass es sich um eine unterbewusste Programmierung handeln könnte. Aber auch ich wollte nicht spekulieren. Auf Nachfrage wurde klar, dass sich dieses Erleben auf Reinhilds Arbeitsstätte in ihrer Firma bezog, in der sie in der Personalverwaltung tätig war. An Wochenenden oder in Urlauben trat das Phänomen nie auf.

Wenige weitere Nachfragen führten zum Thema dieser Botschaft: Täglich gegen 16:30 Uhr verließen ihre Kolleginnen und Kollegen mit dem Ende der Kernzeit die Firma. Reinhild aber verspürte stets den inneren Drang, länger zu bleiben, um auszuschließen, dass ihr Fehler unterliefen. Jede Hektik und Unruhe verunsicherten sie und führten zu einem Zwangsverhalten, das im Zusammenhang mit ihrem ausgeprägten Perfektionismus stand. Diese Verbindung wurde ihr nun deutlich und sie gab zu, dass ihr niemand wegen der Bearbeitungsdauer drängelnd im Nacken saß.

Um die Abhängigkeit von dem Erleben mit dieser bestimmten Uhrzeit zu lösen, gab ich ihr einen paradoxen Auftrag: Sie möge es ab sofort nicht mehr dem Zufall überlassen, dass ihr Blick um 16:23 Uhr auf die Armbanduhr fiel, sondern ganz bewusst etwa ab 16 Uhr nachzuschauen, ob sich der besagte Zeitpunkt nähere. Nach einigen Tagen der Irritation und des völligen emotionalen Durcheinanders benötigte Reinhild keinen Blick mehr auf die Uhr. Sie beschloss, zusammen mit den Kolleginnen und Kollegen aufzubrechen, ließ diese nach der Uhrzeit schauen und schloss sich dem allgemeinen Aufbruchsritual entspannt an.

Was allerdings die in einschlägigen Engelsbüchern vertretene Auffassung von der Botschaft von Zahlenkombinationen betrifft, bin ich

„parteiisch“. Daraus mache ich keinen Hehl. Ich trage dir einfach meine Erlebnisse und Erfahrungen damit vor.
Meine Skepsis gegen diese Kompendien von Engelsbotschaften ist verbunden mit der Erfahrung, dass eine große Zahl von Menschen für Zeichen und Botschaften nur dann zugänglich ist, wenn sie ihr Tun (oder Nichttun) bestätigen und ihr ausgeprägtes Verlangen nach Harmonie befriedigen. Schaust du dir die literarischen Sammlungen vermeintlicher Engelsbotschaften genauer an, bestätigt sich das. Sie sind einerseits sehr allgemein gehalten, sodass sie in irgendeiner Weise immer zutreffen, und andererseits stets affirmativ, also bejahend und bestätigend:

Es öffnet sich jetzt ein Tor, Ideen oder Wünsche werden umgesetzt.
Beobachte deine Gedanken sorgfältig, sie manifestieren sich blitzschnell.
Die Engel umgeben und lieben dich.
Balanciere deine Gedanken zwischen Himmel und Erde aus.
Zögere nicht, deine Engel um Hilfe zu bitten.
Die Engel beglückwünschen dich, du bist gut auf deinem Weg.
Eine Periode geht zu Ende, es gibt Licht am Ende des Tunnels.
Die Engel bitten dich, deine positive Haltung zu bewahren.

Schau dir einmal unterschiedliche Beispiele und Interpretationen, auch der Zahlen von 0 bis unendlich an. Du wirst fast ausnahmslos „Botschaften“ dieser Qualität finden. Hand aufs Herz: Sind sie wirklich nützlich? Natürlich kannst du dir zehnmal am Tag freudig nachblätternd ermutigende und tröstende Sätze reinziehen. Ist dir damit aber wirklich „gedient“? Ist das Lebenshilfe?
Spekulative Zahleninterpretationen sind vergleichbar denjenigen Kartensets, aus denen du dir allmorgendlich eine herzberührende

Engelsbotschaft ziehen kannst. Damit sage ich nichts grundsätzlich gegen Kartensets. Ich habe sehr gute kennengelernt, deren Botschaften nicht das Wegschauen, sondern das gezielte Hinschauen auf Themen geradezu provozieren und so eine wirklich große Hilfe sind. Das kann auch für Zahlen zutreffen.
Lerne zu unterscheiden, zu erspüren, welche Lebenshilfen dieser Art dich fördern, indem sie dich fordern.

Eine gute astrologische Analyse beispielsweise zeigt dir Konstellationen auf, wichtige Phasen und Zeitpunkte, Themen, die es in deinem Lebensplan zu bestimmten Zeitqualitäten zu bearbeiten gibt. Du erfährst viel über deinen Lebensplan, deine Potenziale, mit denen du ausgestattet bist, über die Provokationen deiner Lernaufgaben, die Rolle anderer Menschen und deiner Beziehungen in diesem Szenario. Aber weder erhältst du Rezepte noch kannst du Entscheidungen delegieren. Die Stichworte sind „Erinnerung" und „Orientierung" – doch keine Allgemeinplätze oder Wahrsagung. Wie etwas konkret verläuft, ist aus einem Kosmogramm nicht absehbar. Denn es ist die Momentaufnahme des Zeitpunktes deiner Geburt, des karmischen Saldos, mit dem ausgestattet du aufbrichst in ein neues selbstverantwortetes Erleben und Gestalten. Die astrologisch-geomantischen Aufstellungen im kosmischen Kreis, die wir entwickelt haben, führen weiter. Du stehst spürbar in den Energien deines eigenen Kosmogramms, die in diesem Leben auf dich einwirken, dich herausfordern und unterstützen. Du spürst deine Stärken, die Spannungsfelder im Spiegel der Kräfte von Sternzeichen und Planeten. In diesem Kräftefeld ist es möglich, Blockaden zu lösen, Hindernisse zu beseitigen, fördernde Energien für dich freizusetzen. Es kann eine unterstützende heilerische Intervention in dein Leben sein – auf jeden Fall alles andere als eine Manipulation.

Deine Träume

Kehren wir zurück zu den Zeichen-Welten, die du gar nicht oder weniger steuernd beeinflussen kannst. Das gilt jedenfalls zunächst, denn sie warten nicht auf deine Aktivität, sondern suchen dich heim.

Der Unberechenbarkeit des Todes verwandt ist diejenige des Traumerlebens. Jede Nacht lauert uns diese Form nicht kalkulierbaren Erlebens auf, das aus einer jenseitig empfundenen Sphäre im Zustand unserer Entspannung und Regeneration auf uns einwirkt und uns schlimmstenfalls „wie gerädert" erwachen, wenn nicht aus dem Schlaf hochschrecken lässt.

Auch im Schlaf sind unsere Sinne nicht ausgeschaltet. Unser Erleben während des Schlafens wird darin als Wirklichkeit empfunden. Träume können starke emotionale Empfindungen auslösen. Während viele Traumereignisse unrealistisch anmuten, kann ihre Reflexion dennoch Hinweise auf Ängste oder ungelöste Lebensthemen geben. In jedem Fall geschieht dies bei den sogenannten „luziden" Träumen, auch Klarträume genannt. Dabei sind sich Träumende ihres träumenden Zustandes bewusst.

Während Träume im Altertum eine zentrale Bedeutung zur Deutung von Zukunft und existenziellen Fragen hatten, spielt dies heute eine geringe Rolle. Meistens erinnern wir uns an die erschreckende Version von Träumen, an Alpträume. Doch lassen wir hier die Theorie beiseite, denn wenn ich an eigene Schlüsselträume oder die von Patientinnen und Patienten denke, spielen Traumerlebnisse eine überaus wichtige Rolle bei den Botschaften, die uns in unser Leben geschickt werden. Ein Problem dabei ist natürlich die Erinnerung daran. Wir erinnern uns an das Traumgeschehen am ehesten dann, wenn wir mittendrin

einmal oder auch mehrfach aufwachen, sozusagen einen Traum in Fortsetzung erleben oder gegen morgen vor dem Aufwachen träumen. Ich gebe dir hier einige Beispiele. Natürlich passten die Themen auch in andere Teile dieses Buches. So habe ich im Kapitel über die nackte Wahrheit die Art der Träume besprochen, in denen wir uns nackt in der Öffentlichkeit bewegen. Mir geht es aber darum, dich grundsätzlich für die Erkenntnisebene des Traumes zu sensibilisieren.
Sind Themen wirklich von Bedeutung, kannst du davon ausgehen, dass sich Träume dazu mehrfach wiederholen oder aber das Thema in unterschiedlichen „Inszenierungen" erscheint. Oft zieht sich das über Jahre hin, wenn die Botschaft nicht erkannt worden ist.

Ein Patient, der mit seiner Lebenssituation gänzlich unzufrieden war, sowohl mit der Ehe als auch mit Beruf und Wohnumfeld, hatte folgende Träume:
Um ihn herum war tiefster Winter, eher eine Eiszeit. Um das Haus herum waren Bäche und Flüsse tiefgefroren. Im Haus selbst hatte Wasser gestanden und war in Wellen gefroren, als sei es in Sekunden schockgefrostet worden. Dies schien ein Sinnbild dafür zu sein, dass der Fluss des Lebens in eisiger Kälte zum Erliegen gekommen war.
Einige Zeit später, nachdem wir etliche seiner Blockaden schon lösen konnten, veränderten sich die Träume. Diesmal lebte er nicht mehr in der Eiszeit, jedoch noch in einem Haus mit einem verwüsteten unfruchtbaren Umfeld. In einiger Entfernung nahm er eine große Flussaue wahr mit natürlich mäanderndem Wasserlauf, harmonisch in Auenwälder gebettet. Von dort aus brach dann der vertrocknete Boden auf. Langsam bildete sich eine Spalte, durch die das Wasser des Flusses bis zum Haus durchbrach, während an den Rändern Pflanzen aus dem Boden schossen: ein Zeichen dafür, dass das Leben, die Lebendigkeit langsam, aber sicher zu ihm zurückfand.

Träume dieser Art spiegeln dir mit ihrer unmissverständlichen Bildersprache den Status deiner Verfassung. So erging es auch einer Frau, die sich gefangen fühlte in den Ritualen ihrer Familie und zugleich unglücklich war mit ihrer Büroarbeit. Doch sie hatte Angst, daraus auszubrechen, verweigerte alle Hilfestellungen, jeden kleinsten Schritt auf einen Weg, der sie aus ihrem Gefängnis hätte herausführen können. Sie berichtete folgenden Traum:

„Ich befand mich in einem großen rechteckigen Gebäude. Nach meinem Gefühl beinhaltete es sowohl meinen persönlichen Wohnbereich als auch mein Büro. Irgendwie war meine ganze Welt, in der ich lebte, darin untergebracht. Überall gab es große, bodentiefe rechteckige Fenster. Sie gaben den Blick frei nach draußen, wo ich verlockende Parkanlagen sah, Menschen, die sich entspannt in Kaffees unterhielten, Fahrrad fuhren, ja sogar eine Badestelle am Fluss konnte ich erkennen. Ich wollte hinaus, doch es fand sich nirgendwo ein Ausgang. Meine Suche führte im steten Wechsel an dieser Außenfassade entlang, vom Erdgeschoss bis in den dritten Stock. Es gab Treppen, Rolltreppen, dann bloß wackelige Holzleitern, schwere Türen, klemmende Bodenklappen, unglaublich schmale Röhren, durch de ich nach oben oder unten kroch. Gefühlt umrundete ich so mehrfach von innen das Gebäude, bis ich schweißgebadet aufwachte."

Deine Träume können dir dabei helfen, blinde Flecken in bestimmten Lebenssituationen aufzuhellen.

Uwe beklagte ein plötzliches heftiges Nachlassen seiner Sehkraft. „Lass uns darüber reden, was du nicht siehst oder sehen möchtest", schlug ich vor. „Gibt es dazu vielleicht Hinweise?" „Ja", hellte sich Uwes Gesicht auf. „Gerade vorgestern hatte ich einen Traum, der damit im Zusammenhang stehen könnte." In diesem Traum ging Uwe schnell vorwärtsschreitend einen bequemen Weg entlang, der scheinbar endlos bis zum Horizont einen harmonischen Landschaftspark unweit eines Seeufers durchschnitt. Plötzlich geriet er an eine rot-weiße Schranke als Straßensperre. Sie war verschlossen, aber er hätte sie an beiden Enden mühelos umgehen und den Weg noch unendlich lange fortsetzen können. Doch Uwe hielt inne, denn gleich rechts neben der Schranke, nur ein wenig zurückgesetzt, gewahrte er einen gemütlichen Strandkorb, in dem er nach kurzem Überlegen Platz nahm.

Ich bat Uwe, sich in seiner Vorstellung noch einmal in diesen Strandkorb zu setzen, den Blick von dort aus auf den mit der Schranke eher symbolisch versperrten Weg zu richten und auszusprechen, was er dann fühle. „Innehalten. Ausruhen und reflektieren. Zwar renne ich nicht durch mein Leben, aber ich trotte einfach immer weiter, ohne auf meine Gefühle zu achten, ohne inneren Plan. Um die Schranke zu öffnen oder um sie einfach zu umrunden, verspüre ich den Wunsch zu wissen, warum. Auch wenn der Weg, das Wohin, bis zum Horizont sichtbar ist und die klare Botschaft lautet, dass ich mir keine Sorgen machen brauche. Aber ich sollte sinnbildliche Wegmarken wie diese erspüren und öfter mal innehalten."

Im Traum können auch Beziehungsmuster aufgedeckt werden, die sich keineswegs von selbst auflösen, wenn neue Partner / Partnerinnen ins Leben kommen, weil sie oft schon durch das Verhalten von Elternteilen geprägt sind. Ein Patient, der mich aufsuchte, weil er ein Problem hatte, sich aus seiner zweiten Ehe zu lösen, berichtete mir folgenden Traum:

„Ich lag mit einer Geliebten, der ich frisch begegnet war, erstmals im Bett. Dieses befand sich unter freiem Himmel, mitten auf einem Gehweg unweit des Haues, in dem ich lebte. Es war aber mein Elternhaus, nicht das

aktuelle. Diese Frau übte eine starke Anziehungskraft auf mich aus. Wir schienen einander tief vertraut, konnten die körperliche Begegnung kaum abwarten. Mir erschien sie geradezu im doppelten Sinne als Traumfrau. Sie wirkte zugewandt, selbstbewusst, aber unkompliziert und brachte alle Qualitäten mit, die ich mir dringend zu wünschen schien.
Mich überfiel Panik, da ich befürchtete, in dieser Situation entdeckt zu werden. Zwar beachteten uns die Passanten erstaunlicherweise überhaupt nicht, aber ich musste doch befürchten, dass meine Frau erschiene. Ich bat die Geliebte darum, das Bett in einen nahe gelegenen öffentlichen Garten zu schieben, aber sie lehnte das ab, weil sie sich dort von Spannern bedroht fühle. Dann geschah, was ich befürchtet hatte. Es war aber meine frühere Frau, die die Straße heraufkam, nicht die jetzige. Ich verkroch mich unter der Decke, sie ging achtlos vorbei.“

Im anschließenden Gespräch wurde deutlich, dass dieser Mann unter einem Abgrenzungsproblem litt, das auf die Beziehung zu seiner dominanten Mutter zurückging. Diese gab erst Ruhe, nachdem er zum ersten Mal geheiratet hatte und sie sich mit ihrer Schwiegertochter gut verstand. Auch die erste Ehefrau war sehr bestimmend und er gab zumeist nach. Über eine Trennung, nachdem die Kinder bereits erwachsen waren, hatte er jahrelang nachgedacht und sie erst vollziehen können, nachdem er bereits ein Verhältnis mit seiner jetzigen Frau hatte, das er verbergen musste. Nun nach nur vier Jahren befand er sich wieder in einer völlig unbefriedigenden Situation, tat sich erneut schwer, die Beziehung zu lösen. Der Umstand, dass nicht die jetzige Ehefrau im Traum erschienen war, sondern das Elternhaus und die erste Frau, deutete auf das Schlüsselthema hin.
Wie steht es um deine Träume? Kannst du dich an sie erinnern? Empfindest du Träume als Hilfe? Oder nur als unverständliche, eher

belästigende Episoden deines Schlafens, die dich deiner Erholung berauben?

Hast du schon einmal darüber nachgedacht, wie du dein Traumerleben besser für dich erschließen könntest? Vorausgesetzt natürlich, du bist bereit, dich diesem unbestechlichen Zeichen-Spiegel deiner Gefühle und Wünsche zu stellen. Das, was du an manchen Träumen, besonders auch Alpträumen, als unbegreiflich, unverständlich, abstoßend und wirr empfinden könntest, hat doch immer einen „wahren" Kern insofern, als dass sich in allem verdrängte Züge deines Wesens und deiner Lebenswirklichkeit spiegeln. Das magst du im Wachbewusstsein entrüstet von dir weisen, ins Lächerliche ziehen oder mit Macht wieder verdrängen, insbesondere dann, wenn du mit starken Emotionen, Aggression oder erotischen Fantasien konfrontiert worden bist. Hab den Mut, Erkenntnisse daraus zu ziehen, vielleicht deine Wahrheit zu modifizieren.

Träume sind auf einer anderen Ebene erlebte, ja zu Teilen gelebte Wirklichkeit. Manchen Menschen gelingt es sogar, sich bewusst mit einem Traumgeschehen auseinanderzusetzen, wenn sie zwischendurch einmal oder mehrfach erwachen und dann mit bestimmten Fragen oder Impulsen in den Traum zurückkehren. Oft aber verfliegt die Erinnerung, während ein bleischweres oder emotional aufwühlendes Gefühl beim Aufwachen bleibt. Die Zeichenwelt des Traumes kannst du dir erschließen, sofern du sie nicht als Belästigung einstufst. Notiere dir deine Erlebnisse, wenn du nachts aufwachst. Allein das erhöht schon die Chance, den Rest der Nacht entspannter zu verbringen. Oder sprich mit deiner Partnerin / deinem Partner darüber. Ich kenne Paare, die vereinbart haben, dass sie einander wecken dürfen, um ein Traumerleben unmittelbar zu besprechen oder auch Ängste und Gedanken, die sie vom Schlaf abhalten.

Gerade in der Ruhe und in Phasen der Entspannung – somit auch im Urlaub – drängen deine unbearbeiteten Themen an die Oberfläche. Gelingt das nicht im Wachbewusstsein, dann bleibt als Ventil nur der Traum. Sei froh darüber, denn du weißt doch mittlerweile, dass es deutlich unangenehmere Zeichen-Sprachen gibt, die dich aufmuntern und aufrütteln können.

Intuition – mehr als ein Bauchgefühl

Unter Intuition (lateinisch „hineinsehen", im mittelalterlichen Latein „unmittelbare Anschauung") verstehen wir spontane Eingebungen, ein plötzlich auftretendes, ahnungsvolles Erfassen von oft sogar komplexen Sachverhalten. Viele Menschen sprechen dabei von ihrem Bauchgefühl, dem sie lieber vertrauen als dem auf Reflexion beruhenden Erkennen des Intellekts. Andere nennen dies Anwandlung, Gespür, einfach nur Ahnung oder sogar Erleuchtung. In jedem Fall wirkt jede Umschreibung schwammig und steht somit bei der herrschenden Rationalität unter Generalverdacht.
Ist das wirklich so?
Ich habe den Eindruck, dass sich gerade um den Begriff der Intuition unser Dilemma offenbart, mit ungewohnten Formen unserer Wahrnehmung adäquat umzugehen. Im Extremfall gibt es kopfgesteuerte Menschen, die solche Formen der Eingebung bei sich selbst konsequent unterdrücken und sie bei anderen Menschen bestenfalls für unwissenschaftlich erklären, wenn nicht gar als Symptom psychischer Störungen.
Als Unternehmensberater diskutierte ich mit dem Vorstand eines großen Tourismusunternehmens über Vernetzungsmöglichkeiten im

regionalen Angebot. Auf meine Aufforderung, doch einmal mehr Intuition walten zu lassen, entgegnete der Finanzvorstand mit der zynischen Bemerkung; „Herr Hartung, wir arbeiten hier professionell!“ Ich entgegnete, dass diese Bemerkung das Gegenteil offenbare, und brach nach einigem Hin und Her die traurig trockene Runde ab. Im Kontrast dazu standen und stehen heute zunehmend Begegnungen mit Unternehmerinnen und Unternehmern, die ohne Scheu von sich behaupteten, sie räumten ihrem Bauchgefühl bzw. ihrer Intuition konsequent den Vorrang vor kopfgesteuerten Szenarien ein und wären damit stets gut gefahren. Intuition ist für solche Menschen eine Fähigkeit, impulsiv und weitgehend unbewusst zu entscheiden und zu handeln und dabei dem ersten Impuls zu trauen. Dem scheinbar oder vielleicht tatsächlich Irrationalen wird offenkundig ein höherer Stellenwert eingeräumt, als wir im kollektiven Konsens zugeben möchten.
Der Chef eines Immobilienunternehmens verriet mir, dass er Gebäudekomplexe oft nicht erwerbe, wenn sie eine merkwürdige Energie aufwiesen. Ich erschreckte ihn sichtlich mit der Bemerkung, dass er eine gutentwickelte Sensibilität für das Energiepotenzial von Grundstücken besitze, denn seine so gefühlte Disposition eines Grundstücks oder eines Gebäudes könne ich geomantisch belegen.
In Situationen wie diesen gerät die Auseinandersetzung um die Bedeutung der Intuition in unserem Fühlen und Wirken an den sogenannten Knackpunkt. Befindest du dich selbst in dieser Situation, dann bist du mit der Frage konfrontiert, welchen Stellenwert du dem vermeintlich Irrationalen in deinem Erkennen und Handeln einräumen möchtest. wenn du die Intuition schon zugelassen hast, geht es darum, ob dieses Gespür für dich und dein Umfeld salonfähig ist oder offiziell unter dem Teppich besser aufgehoben wäre als auf dem Präsentierteller deiner persönlichen Fähigkeiten. Mit

deiner Entscheidung zuzugeben, dass es sich bei deiner Intuition um einen Erkenntnisweg handelt, der „reproduzierbar“ ist, also in allen vergleichbaren Fällen so funktioniert, dass du dich darauf verlassen kannst, erfüllst du ein Kriterium der Definition von Wissenschaftlichkeit. Aus der Sichtweise wissenschaftlich gesicherter Methodik aber verlässt du im selben Moment das gesellschaftlich anerkannte Paradigma wissenschaftlich gesicherter Erkenntnis. Du mutierst zum Abweichler und stehst unter Esoterik-Verdacht.

Auf dem Gebiet des künstlerischen Schaffens dagegen lassen wir Intuition zu, sprechen dann von genialen Erkenntnissen und Eingebungen bei malenden, komponierenden, dichtenden oder Architektur entwerfenden Menschen. Kreative Menschen kommen mir zuweilen vor wie bestaunte Insassen eines zoologischen Gartens für gesellschaftlich gelittene Außenseiter. Heiler und Rutengänger gelten dagegen eher als Insassen einer mit Zurückhaltung geöffneten Anstalt für Sonderlinge.

Tatsache ist doch aber: Viele Menschen sprechen von ihrer „Intuition“, wenn sie von Eingebungen oder gedanklichen Impulsen reden, die sie sich nicht unbedingt erklären können, mit denen sie aber oft gute Erfahrungen gemacht haben.

„Ich weiß nicht warum, aber auf meine Intuition kann ich mich immer verlassen“, heißt es dann. Intuition definiert sich als plötzlich ahnendes Erfassen, als „unmittelbare, nicht auf Reflexion beruhender Erkenntnis eines Sachverhalts oder eines komplizierten Vorgangs. Menschen in gestalterischen Berufen warten regelrecht auf intuitive Eingebungen, eine plötzliche Idee oder ein Bild, einen „Gedankenblitz“. Das alles können wir uns natürlich spekulativ über irgendwelche Gehirnfunktionen erklären. Beliebt ist es auch, dafür das wie auch immer definierte „Unterbewusstsein“ verantwortlich zu machen. Intuition kann auftreten, wann immer wir uns mit einem Thema anhaltend

oder intensiv befassen. Sie kann aber auch spontan und scheinbar zusammenhanglos in unser Leben treten.

Im Juni 1994 saß ich in einem Zug von Berlin nach Hannover. Als wir die Elbbrücke vor Magdeburg überquerten, hörte ich deutlich das Signal eines Krankenwagens und sah ein Blaulicht vor mir. Das konnte nicht von draußen kommen, denn der Zug rumpelte sehr stark, und auf den Straßen am anderen Ufer fuhr kein Rettungswagen. Dann sah ich das Bild meiner Mutter vor mir und rief sogleich bei meinen Eltern an. „Gut, dass du dich meldest", sagte mein Vater mit stockender Stimme, „eben ist deine Mutter abgeholt worden und unterwegs in die Klinik."

War das „nur" Intuition? Aber was ist Intuition, wenn wir derart umfassende Informationen erhalten? Eltern und Kinder sind oft in besonderer Weise miteinander „verbunden", denn auch meine Mutter hatte umgekehrt „Ahnungen" und rief mich dann in tatsächlich kritischen Momenten an. Das alles mag unerklärlich wirken, aber halten wir doch fest: Nichts an meiner Wahrnehmung war außerhalb meiner Sinne. Ich habe gehört und gesehen, freilich nicht „real" und vor Ort. Doch in meinen Sinnen wurden unmissverständliche Signale ausgelöst, die mir ein klar deutbares Zeichen gaben. Das, was wir so neutral und eher verschüchtert als Intuition definieren, hat also die Qualität von Zeichen mit Botschaften. Was uns daran erschrecken mag, ist der Umstand, dass es hier nicht mit den geschätzten „rechten Dingen" zuzugehen scheint.

Frag dich einmal selbst oder versuche, über ähnliche Situationen in deinem Leben nachzudenken. Vermutlich wirst du dich an vergleichbare Erlebnisse erinnern. Wir verdrängen sie nur allzu leicht und lassen sie nicht in unser Bewusstsein hinein, aber folgen ihnen dennoch.

Intuitive Impulse erhalte ich oft in meinen Träumen, manchmal sogar die Erklärung für komplexere Zusammenhänge, die ich dann nach dem Aufwachen sortieren kann. Auch Anregungen für meine geomantische Arbeit oder für Bücher gehören dazu. Für mich ist das gut nachvollziehbar, gerade weil unser Bewusstsein, der sortierende und zensierende Kopf, im Schlaf ausgeschaltet ist und wir entspannter auf „Empfang" geschaltet sind. Freilich kenne auch ich Träume, die eher erschreckende, aufwühlende Inhalte haben.

Ich mache keinen Hehl daraus: Den für manche Menschen schon verdächtigen Begriff „Intuition" halte ich für ein Konstrukt unseres verkopften Umgangs mit anderen Wirklichkeitsebenen. Was da zu uns kommt, sind keineswegs nur Impulse aus dem Speicherschatz unseres Unterbewusstseins, das für alle Erklärungen herhalten muss. Wir neigen dazu, weder individuell noch kollektiv einzuräumen, dass unsere Erkenntnismöglichkeiten weiter reichen, als die wissenschaftlich gepflegte Ratio es zulässt, auch wenn wir damit unsere „Schulweisheit" zuweilen sprichwörtlich für beschränkt erklären.

Intuition ist also letztlich ein Begriff zur Tarnung von Grenzgängern zwischen zwei Welten, deren Unterscheidung ein Konstrukt der Unaufrichtigkeit ist. Ich habe mir angewöhnt, das Phänomen beim Namen zu nennen.

Ob wir es mögen oder nicht: Hier kommt der Begriff „Medialität" ins Spiel.

Lexikalisch wird schnell deutlich, dass unsere Gesellschaft offiziell wenig Bereitschaft zeigt, mit derjenigen Ebene des Begriffes umzugehen, die jenseits der Einschätzungen beispielsweise der Massenmedien liegt. Medialität ist dort ein Synonym für Medienkompetenz. Ansonsten dominiert dort das Bild von einem „Medium“, also einem medialen Menschen und seiner Behauptung, „außersinnliche“ Dinge wahrzunehmen. Eine unmittelbar sinnliche Beziehung zu den geschilderten Phänomenen wird also strikt in Abrede gestellt. Die Wissenschaft hat dafür Bezeichnungen wie „Parapsychologie“ erfunden und Medialität somit in den Bereich der Psychosomatik abgedrängt, in den medizinisch alles geschoben wird, was die Normalität von einem postulierten gesellschaftlichen Konsens überschreitet. Um medial wahrzunehmen, müssen wir aber keine Trance-Redner auf Esoterikmessen sein. Vielen Menschen ist kaum bewusst, dass sie selbst oder ihre Kinder „medial“ begabt sind.

Vor Jahren rieten mir Patienten, ich solle unbedingt zu einem Sportheilpraktiker Kontakt aufnehmen. Wir dürften uns gut verstehen und in unserem Behandlungsansatz ergänzen. So kam es dann auch. Bei meinem ersten Besuch sah er mich durchdringend an (ich saß vollständig bekleidet vor ihm) und traf dann seine Diagnose zum Zustand meiner Wirbelsäule und der Rippen. Eine Röntgenaufnahme oder andere Erkennungsmethoden hätten nicht präziser sein können. Ähnlich „intuitiv“ und treffsicher verlief die Behandlung. Dann erklärte ich ihm, dass er medial begabt sei. Das hatte er bis dahin noch nicht gehört und meinte lachend, wenn es so sei, dann habe er jetzt ja endlich mal eine Erklärung. Dass er damit nicht allein war, begriff er, nachdem ich meinerseits darlegte, was ich an ihm wahrnehme.

Informationen medial aufzunehmen wird auch mit dem Begriff „channeln“ oder „Channeling“ bezeichnet. Lexikalisch wird dazu außerhalb der „Eso-Szene“ wiederum nur auf ein Medium verwiesen, das als übersinnlich betrachtete Botschaften anderer Wesenheiten zu empfangen behauptet. Damit wird noch einmal klar, wie gerne wir in

der gesellschaftlichen Akzeptanz Grenzwertiges scheu hinter dem Begriff der Intuition verstecken. Wenn beispielsweise in den USA Bücher über oder von Menschen erscheinen, die im medizinischen Bereich medial wahrnehmen, so wie mein befreundeter Heilpraktiker, dann spricht man dort behutsam von einer „medizinisch intuitiven Person", um nicht gleich auf dem Index zu landen.
Manche medial begabten Menschen sitzen leider in einer geschlossenen Anstalt – weil Medialität bei uns eher als Krankheit behandelt und mit Medikamenten unterbunden wird, anstatt Menschen achtsam dazu anzuleiten, wie sie mit diesem Geschenk vertrauensvoll umgehen lernen. Viele Kinder mit „ADHS-Diagnose" teilen dieses Schicksal.

Transzendenz erleben

Nun geht es also um Zeichen-Botschaften, deren Herkunft viele Fragen aufwirft und Skepsis provoziert. Wir überschreiten die Grenzen der Erfahrung und des Bewusstseins auf den Ebenen, die wir einem Diesseits zuordnen, hin zu einem Jenseits gewohnter Erfahrungen des Gegenständlichen, für gewöhnlich Greifbaren und Begreifbaren. Wir sprechen dann von Transzendenz, unserer Öffnung zum Übernatürlichen, Metaphysischen, in unser subjektives Erleben der Spiritualität. Es geht eben nicht um entrückte unerreichbare Welten. Die gerne gelesenen „Gespräche mit Gott"[5] gehören nicht ins Reich der Fiktion. Kommunikation mit Wesenheiten, die nicht von „dieser Welt" sind, bezeichnen wir als Channeln.
In der Tat sind Zeichen und Botschaften durch sogenanntes Channeling für uns Menschen ebenso spannend und hilfreich wie gefährlich,

wenn wir nicht wissen, wie wir mit diesen Energien und Durchsagen umgehen dürfen. Die Fähigkeit und auch Offenheit gegenüber medialer Wahrnehmung nimmt jedoch zu.
Zuerst fiel in unseren Heilerpraxen auf, dass immer mehr Kinder medial sind – und schon damit leider sehr gefährdet, zu Kandidaten für die Pharmaindustrie zu werden. Schon das allein bietet Anlass genug, hier über Medialität, über Nutzen, Gefahren und über den richtigen Schutz zu schreiben, bevor wir uns weiter mit Zeichen-Botschaften auseinandersetzen.[6]

Unter Begriffen wie „Medialität" oder „Channeln" fassen wir unterschiedliche Formen sinnlich gestützter Wahrnehmung zusammen, die auf den ersten Blick nicht viel miteinander zu tun haben. Das Wort Channeling kommt aus dem Englischen und bedeutet so viel wie „Kanal sein". Wer über Heilenergien verfügt, spricht auch von sich selbst als Kanal für die Lebenskraft, das Reiki oder für andere Energien, und so sprechen auch wir in diesem Zusammenhang von „Channeln".
Im engeren Sinne steht der Begriff für medial empfangene Botschaften. Channeln beginnt oft unbewusst damit, dass ein Mensch von sich sagt, er empfange bestimmte „intuitive" Impulse oder Eingebungen, denen er folgt, da sie sich bisher immer als richtig und passend erwiesen hätten. Das können eben Gedankenblitze sein, Worte oder bildliche Wahrnehmungen. Andere haben ständige Gesprächspartner auf anderen Seinsebenen, mit denen sie kommunizieren, oft ohne zu wissen, wer da eigentlich am „Draht" ist.

Channeln hat also keineswegs nur mit Sprachbotschaften zu tun. Es erfolgt mit allen Sinnen. Es ist eben weder außersinnlich noch übersinnlich. Botschaften können auch geträumt werden. Im schon weiter oben besprochenen Traum ist der oftmals das Channeln erschwerende zensierende Verstand ausgeschaltet. Zeichen in Gestalt medialer Botschaften können optisch überbracht werden durch Farben, Bilder oder ganze Filme und durch Hellsehen. Oder sie können gefühlt, erfühlt, empfunden werden durch Hellfühlen.

Manche Menschen haben geradezu Gedankenblitze und wissen einfach auf die Sekunde etwas, oft auch sehr komplexe Zusammenhänge durch Hellwissen. Sogar Gerüche können wir medial wahrnehmen, obgleich andere im Raum oder um uns herum sie nicht bemerken. Eine Teilnehmerin unserer Geomantie-Ausbildung schrieb mir, dass sie die zwölf Arten der Erdmeridiane an ihren Klängen unterscheiden gelernt habe.

Channeln umfasst im heilerischen Bereich auch die Gabe, im eigenen Körper zu spüren, wo Störungen beim Patienten bestehen. Für manche Kolleginnen und Kollegen ist es zunächst sehr gewöhnungsbedürftig zu lernen, dass das, was sie fühlen, dann nicht der Schmerz des eigenen Körpers ist.

Fragen für dich:
Woran denke ich spontan bei den Begriffen Intuition, Eingebung, Medialität oder Channeln?
Höre ich Stimmen, habe ich selbst „Eingebungen"?
Welche Rolle spielt Intuition bislang in meinem Leben?
Wie gehe ich mit intuitivem Erleben in meiner eigenen Wahrnehmung um?
Ist mir diese Ebene der Erkenntnis bewusst? Nutze ich sie?
Räume ich der Intuition Vorrang ein vor meinen rationalen Herangehensweisen?

Wie fühlt es sich für mich an, beide Erkenntnisebenen miteinander in Einklang zu bringen?
Spreche ich mit anderen Menschen über meine Intuition? Wann kann ich mich öffnen?
Wie gehe ich mit dem intuitiven Erfassen und Handeln anderer Menschen um?
Bin ich unsicher, ob ich meinen Wahrnehmungen vertrauen darf?
Ist es ein aufregender Gedanke für mich, Kontakt mit dem „Jenseits", mit Verstorbenen oder „Spirits" zu finden?
Lasse ich diese Dinge nicht zu aus Angst, falsch verbunden zu sein?
Leide ich vielmehr unter Medialität, unter Stimmen, die ich in mir oder von außen höre, die mir Befehle erteilen oder Traktate diktieren?
Habe ich selbst auch schon Eingebungen gehabt, etwas gesehen, gefühlt oder einfach gewusst?
Betraf das persönliche Themen, Entscheidungen oder Sehnsüchte?
Oder ging es um berufliche Themen, Erkenntnisse und Ideen? Visionäre Erlebnisse?
Habe ich schon Dinge gesehen, gefühlt, gerochen oder gewusst, die mir Hinweise gaben auf eigene Themen oder die anderer Menschen, vielleicht sogar auf Ereignisse, die dann tatsächlich eintrafen?
Nehme ich Stimmen wahr, Worte, die mir Impulse verleihen? Oder sehe ich Bilder, die ich interpretieren kann?
Führe ich einen vermeintlich „inneren Dialog" über mich berührende Themen? Kann es sein, dass ich mich tatsächlich mit anderen Wesenheiten austausche?

Einige Menschen, wie ich selbst, können sich regelrecht unterhalten, Gespräche führen, empfangene Botschaften als Sprach- oder Schreibmedium in Sprache kleiden und Wesenheiten entweder direkt durch sich sprechen lassen oder die Botschaften flüssig aufschreiben.

Vielleicht hilft es dir, deine eigene Medialität zu entdecken oder bereitwilliger zuzulassen, wenn ich dir erzähle, wie sich Medialität bei mir selbst zeigte und wie ich damit umging. Ich erlebte dies als einen (Rück) Weg zum medialen Menschen, der mir den Zugang zu dieser Ebene der Zeichen-Botschaften gewährte. Von einem Rückweg spreche ich, weil mir später bewusst wurde, dass ich mediales Erleben in meiner Kindheit irgendwann nach dem 9. Lebensjahr aus meinem Bewusstsein verdrängt hatte.

Im Erwachsenenalter begann es mit der Geburt meiner Tochter, zwei Jahrzehnte, bevor ich heilerisch tätig wurde. Meine damalige Frau litt an einer leichten Mandelentzündung, die sich ausgerechnet mit den Wehen verstärkte. Ich bekam den Impuls, meine Hände im Bereich ihrer Bronchien aufzulegen. Dann dauerte es nur wenige Minuten, bis der Infekt bei ihr wie durch ein Wunder verschwunden war. Dafür hatte ich jetzt einen dicken Hals und brütete zwei Tage an den Symptomen herum, als ich nach der Entbindung wieder zu Hause ankam. „Anfängerfehler", grinste lange Zeit darauf mein späterer Praxispartner und erfahrener Heiler.
Was war passiert? Zunächst gab es einen „intuitiven Impuls", dem ich folgte, und kurz danach eine für uns beide völlig überraschende körperliche Reaktion, wenngleich es eine Heilung auf der Basis eines „Symptom-Tausches" war. Ich hatte meiner Frau etwas abgenommen, es von ihr übernommen. Hätten meine Heilkräfte damals genügt, hätte ich auch selbst nichts übernehmen müssen, sondern die energetischen Ursachen einfach gelöst.

Halten wir hier für uns fest, was ich auch später immer wieder erkennen sollte: Mediale Begabung tritt häufig zusammen mit einer guten natürlichen Heilkraft auf, mit heilerischer Begabung eben. Seit der Jahrtausendwende beobachteten wir diesen Trend, wie bereits gesagt zunächst bei Kindern, dann zunehmend auch bei Erwachsenen.

Mein nächstes einschneidendes Erlebnis hatte ich am 3. Juni 1998 gegen 11 Uhr. Du fragst dich jetzt vielleicht, warum ich das so genau in Erinnerung habe?

Damals saß ich im hannoverschen Büro unserer Unternehmensberatung. Es war ein bis jetzt entspannter Tag, ohne dringende Termine. Ich konnte sortieren und aufräumen. Dennoch empfand ich eine immer stärker werdende Unruhe. Gegen 11 Uhr drehte sich geradezu mein Magen. Eine halbe Stunde später klingelte das Telefon und mein Vorstandsvorsitzender sagte mit gedrückter Stimme: „Na gut, dass du im Büro bist. Wolltest du nicht dieser Tage mit dem ICE nach Rostock fahren?" Ich bejahte und fragte, was denn sei. „Du hast mir schon vor längerer Zeit erzählt, du hättest im Traum und auch im Wachzustand einen verunglückten, vor einer Brücke zusammengefalteten ICE gesehen, und mir gesagt, da müsse demnächst etwas passieren. Ich habe dich ja nicht für verrückt erklärt, aber jetzt bin ich geschockt. Das ist gerade eben genauso passiert."
Ich war vom Donner gerührt, rannte hinüber zu den Vorständen unserer Tochtergesellschaft, die Zugriff auf das Fernsehen hatten. Da sah ich etwas später das erste Bild des um 10:57 Uhr verunglückten ICE „Wilhelm Conrad Röntgen" vor einer Brücke bei Eschede, nördlich von Hannover. Ebendieses Bild hatte ich erstmals gut 16 Monate vorher gesehen, im Traum und mehrfach auch im Wachzustand vor mir. Ich hatte es meiner Familie und einigen engsten Freunden erzählt und hinzugefügt: „Da sterben

viele Menschen. Das sieht aus wie an der Schnellstrecke bei Hannover.“ Allerdings tippte ich auf eine Brücke eher in der Nähe von Hildesheim.

Dieses Ereignis hatte mich damals ebenso erschreckt wie beeindruckt. Zugleich offenbarte es mir das Muster, wie sich Medialität bei Menschen grundsätzlich entwickelt und entfaltet. Ausschlaggebend ist oft der Bezug zu einem bestimmten System oder Lebensbereich, eine gedankliche Nähe und Offenheit. Diese bestand bei mir darin, dass ich damals schon seit Jahrzehnten „passionierter“ Bahnfahrer war und wohin es nur möglich war mit der Bahn fuhr, seit 1990 mehrfach in der Woche. Auch hatte ich beruflich mit einigen Projekten zu tun, an denen die Deutsche Bahn beteiligt war. Medialität zeigt sich bei vielen Menschen erstmals in vertrauten Zusammenhängen. Sie macht geradezu auf sich aufmerksam, könnte man sagen.
Ich reagierte betroffen und rebellisch zugleich. Wenn ich schon über eine solche Gabe des „Vorhersehens“ verfügte, so fühlte ich wenig Lust auf Visionen bevorstehender Unglücksfälle. Aber würde ich das beeinflussen, ja bestimmen können?

Mit eigenen ähnlichen Erlebnissen wie den eben beschriebenen, wird sich dir fast zwangsläufig die Frage stellen:
Was tun mit meiner Medialität?

Deine Medialität kann sich entwickeln und auch bewusst ausgebaut und von dir trainiert werden – je nachdem, wie oft und wozu du diese Anlagen nutzt und was du selbst willst.
Mediale Wahrnehmung ist in erster Linie eine weitere Ebene, um Zeichen für dich selbst zu erhalten und deuten zu lernen. Ja, du darfst deine Medialität auch alleine für dich nutzen. Warum auch nicht?

Schließlich bist du selbst der wichtigste Mensch in deinem Leben. Also steht auch Selbstliebe zu Recht an erster Stelle. Du darfst mit Freude und Dankbarkeit diese wundervolle „Lebensberatung“ für dich annehmen, die dir die Geistige Welt, die Erde oder auch Naturwesen gewähren. Im Unterschied zu anderen Zeichen, die dir im Leben gesendet werden, ergibt sich hier die Möglichkeit zum Dialog. Du bist mehr als nur ein passiver Empfänger von Signalen, kannst Fragen stellen, auch deine Meinung zum Ausdruck bringen und diskutieren – eine besonders reizvolle Form des Lernens und Begreifens.

Auf einer anderen Ebene kannst du deine mediale Begabung für dich und andere auch beruflich nutzen, indem du Anleitungen und Hilfen empfängst.
Bist du in einem Heilberuf tätig, in der Beratung oder im Coaching? Dann ist es ebenso hilfreich, dich rückzuverbinden und zu channeln. Bei der Heilung wirst du angeleitet, bekommst Hinweise oder Bilder zu Themen, die hinter Krankheitssymptomen oder psychischen Problemen stehen.
Du wirst lernen: Deine heilerischen Talente und energetischen Potenziale erschließen sich dir dabei wesentlich durch das Zusammenspiel von eigenem Tun und medialem Verbundensein, weniger über eine Ausbildung im klassischen Sinne.
Gerade für die Entwicklung deiner Medialität ist es jedoch hilfreich, dass andere Menschen dich zunächst an das Channeln heranführen und du mit anderen medialen Menschen im Austausch bist und bleibst. So gewinnst du Sicherheit und erhältst einige methodische Möglichkeiten, deren Tauglichkeit für dich nur du allein durch Ausprobieren ergründen kannst.

Vielleicht aber möchtest du sogar als „Medium" anderen Menschen Botschaften weitergeben?
Botschaften zu empfangen und sie an Dritte weiterzugeben ist eine wunderbare Begabung, vielleicht die Königsklasse der Medialität.

Besonders hierbei spielen zwei Kriterien eine erhebliche Rolle:
Zum einen ist es wichtig, dass du selbst ein „reiner Kanal" bist. Das ist eine Fähigkeit, die trainiert werden will. Sie setzt Demut und die Fähigkeit zur Hingabe jenseits deines Egos voraus. Je besser du dich von negativen Persönlichkeitsanteilen und Schmerzen befreist, die eigenen Energien transformierst und vor allem die Gabe besitzt, störende Fremdenergien aus der Umgebung auszuschließen, desto reiner und klarer werden die Botschaften übermittelt werden können.
Noch wichtiger ist es aber, unterscheiden zu können, mit wem du sprichst und wessen Botschaften du entgegennimmst. Leider ist es so, dass sich nicht nur die lichtvolle Welt mitteilen möchte. Die Gegenseite steht geradezu Schlange, um die Menschheit mit ihren eigenen Botschaften auf ihre Seite zu ziehen. Da negative Energien ebenfalls von Licht und Liebe reden und die lichtvollen Energien in oft hervorragender Weise imitieren, kommen leider auch sehr viele Botschaften der dunklen Seite bei uns an. Zumal der Kontakt zu diesen Wesen, die immer und gerne dem Ego schmeicheln, sehr viel leichter herstellbar ist als zu den wahren Energien der Liebe.

Wenn du als Medium arbeiten möchtest, dann setze dich schon bei dieser Überlegung, aber auch in deinem alltäglichen Wirken mit den Fallen auseinander, die dein Ego dir nur allzu gerne stellt. Gibst du anderen Menschen Zeichen in Gestalt von Botschaften, dann bist du selbst Bote. Doch wer hier jetzt daherredet, das bist nicht du. Es sind

diejenigen Wesenheiten, denen du deine Wahrnehmung und deine Stimme leihst, damit sie anderen Menschen, die von ihnen begleitet werden, Klarheit verschaffen und Orientierungshilfen auf ihrem Lebensweg vermitteln können.
Nimm dich also zurück. Es geht nicht um Ruhm und Anerkennung, um Selbstinszenierung. Du wirst Dankbarkeit erfahren, aber auch lernen müssen, dass Botschaften, die du überbringst, bei den Empfängern nicht ankommen oder angenommen werden. Auch das ist nicht dein Fehler, es liegt ausschließlich in der Verantwortung der Empfangenden. Fühle dich nicht angegriffen durch ihre ablehnende, oft trotzige Reaktion.

Du selbst wirst ab und zu erfahren, wie schwierig es ist, Zeichen und Botschaften anzunehmen, die du nicht erwartet hast. Das gilt besonders dann, wenn du auf die Bestätigung eines Wunsches aus bist, dessen Erfüllung nicht allein von dir abhängt. Stell dir vor, du liebst einen anderen Menschen und fragst, ob es sich umgekehrt ebenso verhält – und du bekommst wiederholt aus der Geistigen Welt die Antwort „Nein". Da kommt nicht gerade Freude auf, sondern eher doch Zweifel, oder? Die Willensenergie vieler Menschen ist so stark entwickelt, dass sie nur ihr eigenes „Ja" hören, das jede Antwort von außen überlagert. Vielleicht fragst du in solchen Momenten besser bei anderen medialen Menschen nach. Oder du verlässt dich einfach mal auf dein eigenes diesseitiges Gespür.

Wie schwierig es sein kann, bei eigener Betroffenheit klar zu bleiben, demonstriere ich bei Channeling-Workshops oder anderen Ausbildungen gerne mit meinem Kristallpendel. Da stelle ich die Frage, ob Schokolade gut für mich sei – und bekomme, weil ich es gerne so

hätte, ein „Ja". Kaum aber lege ich die freie Hand auf mein Herz-Chakra, sagt das Pendel auf die Sekunde klar und deutlich „Nein". Pendeln kann, so gesehen, auch schnell zur Selbsttäuschung führen. Doch merke dir die Methode, die Hand aufs Herz-Chakra zu legen, auch für andere Formen medialer Wahrnehmung. Warum das?
Das bekannte Sprichwort „Hand aufs Herz" bedeutet zu Recht, dass nun die Wahrheit – deine Wahrheit – zum Ausdruck kommen möge. In unserem Herz-Chakra begegnen sich die Energien der Erde und des Kosmos, sie vereinen sich miteinander. Hier und nirgendwo sonst ist deine spirituelle Mitte als Wesen des Himmels und der Erde zugleich. Nur das Herz schafft Klarheit für dich selbst und sorgt auch dafür, dass Illusionen keine Chance haben. Ehrliche Antworten aus dir selbst heraus sind immer Antworten des Herzens, nicht diejenigen aus Bauch und Kopf.

Zwischen Engeln und Elfen

2004 fuhr ich mit einem Wiener Heiler-Kollegen nach Mariazell. Dort gerieten wir in der Wallfahrtskirche in einen Festgottesdienst. Am Ende seiner Predigt sagte der Bischof, er lasse jetzt für die anwesenden Kinder kleine Kärtchen mit einem Jesusbild verteilen. Immer wenn sie Kummer hätten, möchten sie sich doch vertrauensvoll an Jesus wenden und mit ihm reden.
Wir zwinkerten einander belustigt zu und dachten beide dasselbe: Was passiert wohl, wenn die dazu ermunterten Kinder eines Tages ihren Eltern mitteilen, sie hätten in der Nacht mit Jesus oder den Engeln gesprochen? Bleibt es beim freundlichen Nicken, einer Standpauke – oder wäre es der Auftakt zu einer Ritalin-Karriere?

Ein trauriger Gedanke, dieser krasse Gegensatz zwischen all den religiösen Jesus-Maria- und Engel-Geschichten und der bitteren Realität in Klassenzimmern und panischen Elternhäusern, wenn Kinder über ihr Jenseits-Erleben berichteten.
Ich musste an einen Kurs zur Klassischen Homöopathie in meiner Heilpraktiker-Ausbildung denken. Ungläubige Blicke und Raunen im Saal, als Erik, unser erfahrener Ausbilder, sagte: *„Wenn Kinder euch sagen, dass sie Elfen, Zwerge oder Engel sehen, dann tun sie es auch. Und wenn ihr sie nicht seht, ist das euer Problem.“*
Ein „denkwürdiger“ Satz, dessen Wahrheitsgehalt sich mir bald erschließen sollte. Natürlich denke ich auch gleich zurück an meine eigene Wiederbegegnung.

Irgendwann nach den ersten Reiki-Einweihungen traf ich auf Dorit, die Channeling-Workshops gab. Ich hatte meine Teilnahme zugesagt – mit der Bemerkung: „Kommt mir ja nicht mit Engeln …“ Sie kicherte. Zwei Wochen später lag ich entspannt auf einer Matte, als mich plötzlich eine starke bläuliche Energie umgab. Ich kochte geradezu vor Hitze, fragte Dorit, was das denn nun wieder solle, nachdem ich am Vortag schon so einige heftige Erlebnisse über mich hatte ergehen lassen. *„Och, das ist nur der Erzengel Michael“*, sagte sie beiläufig, als sei es das Nebensächlichste auf Erden. *„Der meldet sich gerade bei dir, um dich zu erinnern.“* So lernte ich einen meiner engsten Begleiter in der Geistigen Welt kennen und durfte zulassen, dass es mit Engeln wohl doch etwas auf sich hatte.

In den nächsten Wochen und Monaten sah ich zunehmend Bilder, am besten mit geschlossenen Augen, und bekam meine Botschaften in einer Bildersprache. Warum nur so, fragte ich mich, und nicht auch in Worten, wie fast alle anderen Teilnehmenden des Workshops? Zu den Gründen dafür komme ich gleich. Als ich mich über die als Einschränkung empfundene Bildersprache beklagte, hieß Dorit mich beim nächsten Workshop entspannt hinlegen. Die Teilnehmerinnen stellten zwei Stunden lang ihre Fragen, und ich beantwortete sie spontan, indem ich die Bilder, die ich bekam, beschrieb und deutete. *„Soll ich lieber in Bremen oder in Köln arbeiten?"*, fragte eine Therapeutin. Vor mir erschien das Bild eines schönen Wasserspeiers in Form eines Sonnengesichts. Aus dem Mund kam ein dicker Strahl kristallklaren Wassers, der sich nach gut 20 Zentimetern in zwei starke nach links und rechts gelenkte Strahlen teilte. *„Du hast genug Kraft für beide Wirkungsstätten"*, kommentierte ich zu diesem Bild. Doch sie hatte längst verstanden, so eindeutig waren die Bilder. Dieses Erlebnis verhalf mir dazu, nicht nur die eigene Medialität freudig anzunehmen, sondern auch, die ganz unterschiedlichen medialen Begabungen anderer Menschen zu fördern, als ich nach Dorits Tod aus der Geistigen Welt aufgefordert wurde, selbst diese Workshops anzubieten.

Was ich noch nachtragen sollte: Seit 2003 entwickelte sich meine Medialität stufenweise parallel zur heilerischen Begabung. Zunächst war ich, wie geschildert, „nur" hellsichtig und bekam Bilder und Symbole, die ich in Sprachbotschaften umdeutete. Dann erfuhr ich, dass mediale Begabung wesentlich davon abhängen kann, welche Geschenke uns die Geistige Welt individuell bereitet. Mehr noch: Dies kann davon abhängig sein, wie wir uns in unserem Leben verhalten, aber auch von karmischen „Altlasten" aus Vorleben.

Ich wurde gebeten, einem Reiki-Meister heilerisch zu helfen, der sich in Nordbrasilien einen Macumba-Zauber eingefangen hatte und extrem darunter litt. Im Verlauf der Behandlung wurde mir gezeigt, dass ich diesem Menschen gegenüber noch ein schweres Karma zu lösen hatte. In einem früheren Leben in Rom hatte ich ihn in einen Löwenkäfig werfen lassen. Nach meiner Rückkehr ließ die Geistige Welt mich durch meinen Sohn wissen, ich hätte nun mein Karma aufgelöst. Nun sei es an ihnen, ihre „da oben" getroffenen Absprachen mit mir einzulösen. Zuallererst werde in der kommenden Nacht mein Sprach-Channeling reaktiviert. So wachte ich kurz nach Mitternacht auf und führte mein erstes Gespräch seit langem mit den Erzengeln. Bald schon gehörte es für mich zum Alltag, insbesondere mit dem meine Inkarnation begleitenden Erzengel Michael zu reden.

Wenn du dich nun mehr oder minder zweifelnd, erschrocken oder aber voller Neugier fragst, welche Wesenheiten dir bei Kontakten mit der Geistigen Welt begegnen, ob du vielleicht auch selbst mit Gott reden kannst, mit Aufgestiegenen Meisterinnen und Meistern, Geistführerinnen und Geistführern, deinen Schutzengeln, dann denkst du gerade nur an das Himmelreich. Aber es gibt auch das Naturreich. Das kann ich dir am besten mit der Bemerkung ans Herz legen, zuzulassen, dass alle Wesenheiten, die dir schon in Märchenbüchern begegnet sind, dir auch in der medialen Wahrnehmung dieser Ebene begegnen können. Das war mir selbst sehr schnell klar, nachdem ich im Garten von Zwergen und Elfen Anleitungen erhielt, wann ich wo umgraben oder pflanzen solle, Geomantie-Unterricht nicht nur „von oben" bekam, sondern mir die Naturwesen die Energiefelder von Wasseradern und Erdmeridianen zeigten, die ich fortan mit bloßem Auge wahrnahm.

Dennoch gab es immer wieder Überraschungen. Da lag ich eines Tages im Finnland-Urlaub auf einem Badesteg. Mein Blick fiel zufällig auf einige Seerosen und ich gewahrte dort mehrere kleine Nixen. War ich jetzt am Durchdrehen, von Halluzinationen geplagt? Irritiert fragte ich eine sich neben mir entspannt räkelnde Elfe: „Sag mal, gibt es tatsächlich Nixen?" „Das siehst du doch gerade, du Blödmann", war die kopfschüttelnde Antwort. Als ich meinen in der Naturmagie bewanderten Sohn später darauf ansprach, meinte der, warum ich denn erst jetzt danach frage, die seien doch schon seit Tagen da.

Vieles ist auch für uns immer wieder gewöhnungsbedürftig, wie wir unsere reichhaltigen Begegnungen gerne neutral umschreiben. Heute kommuniziere ich auch mit Berg- und Waldgeistern, anderen Elementalen, also Intelligenzen, die nicht beseelt sind.
Am einfachsten zu erklären ist es so: Mach dir bewusst, dass alle Energien im Universum als Wesenheiten oder Intelligenzen vorstellbar sind – gleichgültig, wie sie sich dir gegenüber manifestieren. Meistens zeigen sie sich mit menschlich anmutenden Gesichtern, um uns nicht zu erschrecken. Ob es die Erzengel sind (die zwölf universellen Grundenergien), die Elemente (Feuer, Wasser, Erde, Luft) das Elemental eines Waldbrandes oder sogar eines Virus – Intelligenzen verschiedener Stufen können untereinander kommunizieren und ebenso interagieren. Welten tun sich auf, deren Beschreibung mehrere Bücher füllen können. So sieh es mir nach, dass ich das alles hier nur andeuten kann – und sei es, um dir die Angst zu nehmen, dich den anderen Ebenen der Schöpfung zu öffnen.

Zunächst waren es meine eigenen Kinder, die Gewissheit in mir wachsen ließen, dass es oben wie unten nur so von Wesenheiten wimmele, mit denen wir kommunizierten, und dass sich, wofür ich dankbar war, diese verschüttete Kindheitsgabe zeitgleich auch bei mir wieder einstellte. Das war auch heilerisch von großem Wert. Denn die vielen Kinder, die wegen schwerwiegender Prognosen und Indikationen in unsere Praxen gebracht wurden, fassten nur Vertrauen zu uns, weil wir uns selbst für sie überzeugend in den Welten ihrer Wahrnehmung bewegten und weil wir zumindest ihre Eltern überzeugen konnten, dass diesen Kindern der neuen Zeit mit ihren natürlichen Heilkräften und ihrer Medialität ein wundervolles Entfaltungspotenzial mitgegeben worden sei: Kräfte, die Zug um Zug auch bei vielen Erwachsenen wieder freigesetzt wurden.

Kapitel 8 – Lebe deine Bestimmung

„Kannst du die oben mal was für mich fragen?" – „Dann mal los", zwinkerte ich meiner Patientin zu und dachte, na, was kommt wohl jetzt? Nach einer längeren Behandlung war sie den Tränen nahe. „Wozu bin ich eigentlich gekommen? Also – was habe ich mir für dieses Leben vorgenommen, welche Aufgabe?" Ich musste tief atmen, denn die Antwort aus der Geistigen Welt war einfach, vielleicht für Maria zu einfach. „Glücklichsein erlernen und glücklich bleiben", stieß ich leise hervor. „Wie? Sonst nichts?" Diese Verwunderung hatte ich erwartet, ebenso wie ihren nächsten Satz: „Oje, das ist aber schwer..."

Du glaubst nicht, wie oft ich diese Reaktion in den Jahren Geistigen Heilens erlebt habe. Aber mal ehrlich: Egal, was immer wir karmisch, also aus früheren Leben noch zu lösen haben – besteht unser menschliches Dasein deshalb in dem göttlichen Auftrag, unglücklich zu sein? Wie viele Menschen reden daher, dass sie aufsteigen wollten, den Reigen ihrer Inkarnationen endlich abschließen, dem schwierigen Erdendasein entrinnen möchten. Das ist ein Moment, in dem ich mich immer wieder frage, ob eine Inkarnation das Ergebnis einer Strafversetzung ist.

Eingangs schrieb ich, dass Zeichen dazu dienen, deine freie Selbstentfaltung zu fördern. Wenn dir noch immer Zweifel daran kommen, dann lass uns näher hinschauen. Warum sollte ich dir nicht einige Orientierungshilfen mit auf den Weg gebe? Die beliebteste Falle auf dem Weg in die Selbstliebe und Selbstentfaltung offenbart sich in der Formulierung: „*Ich arbeite dran.*" Zugleich ist das eine perfekte Ausrede. Mag Selbstbefreiung für manche Menschen ein schwieriger

Weg sein, so ist das trotzdem keine Arbeit. Freisein ist unvereinbar mit dem Leistungsprinzip, und so lautet eine weitere provokante Antwort aus der Geistigen Welt: *„Du musst nichts leisten!"* Gott verlangt keine Opfer: weder Menschenopfer noch Tieropfer, keine Räucherei – und am wenigsten deine Selbstaufopferung. Spiritueller Stress und Selbstkasteiung sind allenfalls dazu geeignet, dein Leiden an dir und der Welt zu stärken.

Für viele Menschen bedeutet es also offenkundig eine emotionale Überforderung zu begreifen, dass nicht das Drama, sondern Glücklichsein das grundlegendste aller Menschenrechte in der Schöpfung ist. Das ergibt sich aus dem scheinbar ebenso schwer anzunehmenden Umstand, dass die Triebkraft des Universums die Liebe ist. Die Qualitäten der Liebe können wir indes nur erfahren durch unsere Freiheit, von diesem einen kosmischen Gesetz abweichen zu dürfen. Aber beinhaltet das nicht auch das Recht zur Rückkehr?

Was auch stimmt: Glücklich-Sein ist nicht alles. Wer behauptet, Glück sei die Hauptsache, reißt eher einen platten Witz. Denn der Sinn unseres Lebens liegt in einem „Warum" begründet. Warum sind wir hier? Worin / woraus besteht dieses Warum? Das Was und das Wie sind nachrangig. Derzeit ist es in Mode, diese fundamentale Wahrheit als „intrinsische Motivation" (intrincecus bedeutet im Spätlatein „im Inneren") zu bezeichnen. Darunter begreifen Pädagogik und Psychologie Anreize zum Handeln, die von innen her, aus eigenem Antrieb erfolgen.

Wozu bist du hier, in dieser Inkarnation? Welche Ziele hast du dir selbst gesetzt? Gibt es einen „Auftrag" für dich, dem du zugestimmt hast? Ein Vorhaben, das auch überpersönliche Aspekte hat, was dein Wirken in der Gemeinschaft betrifft? Ist das ein Auftrag, den ich von

Gott oder anderen Kräften erhielt?, könntest du fragen. Oder habe ich ihn mir sogar selbst erteilt? Wird über mich bestimmt? Worin besteht dann noch meine Wahlfreiheit?
Sollten wir überhaupt von Bestimmung reden?
In der Alltagssprache sind Bestimmungen immer Festlegungen, Festsetzungen, Anordnungen, Vorschriften, Verfügungen, Regelungen Gesetze. Darin liegt zu viel Starre.

Wird diese Definition aufgeweicht, geht es immerhin schon um Begabungen: Musikalisch begabt zu sein kann in die selbst gefühlte Bestimmung eines Menschen münden, diese Gabe zu leben, andere Menschen damit zu beglücken, zu begeistern. Eine Bestimmung zu leben besteht also eher darin, den Sinn des eigenen Seins in dieser Inkarnation zu erspüren, zu erfühlen, aufzudecken, anzunehmen und zu gestalten.
Erinnere dich. Schon bei der Überlegung, was wir beruflich machen wollen, stellt sich die Sinnfrage dergestalt, dass wir unterscheiden können zwischen dem formal ausgeübten Beruf und der Berufung, die wir spüren. Ideal ist es, wenn beides zusammenfällt. Die Berufung hat in jedem Fall zu tun mit der Bestimmung, die wir in uns fühlen.
Nach meiner Erfahrung haben Menschen, die aus tiefstem inneren Antrieb etwas tun, kaum Probleme mit dem Begriff der Bestimmung. Wesentlich für dieses Gefühl scheinen mir Wohlgefühl und Wohlgefallen zu sein, die Erfüllung durch eine bestimmte Aufgabe. Zudem ist Bestimmung alles andere als eine lebenslängliche Festlegung. Bestimmung kann sehr früh gefühlt werden, muss es aber nicht zwingend. Sie kann sich ändern, vielleicht sogar mehrfach im Leben. Das eben ist eine unabdingbare Voraussetzung unserer Entscheidungsfreiheit, des Lernens im Wandel.

Mir fällt das Beispiel einer Praxiskollegin ein. Angelika kam als Patientin zu uns, wünschte sich dann einige Reiki-Einweihungen, kam mit wachsender Begeisterung zu Reiki- und Behandlungstreffen. Wir mochten sie alle sehr mit ihrer stets ungetrübten Heiterkeit und einfühlsamen Umgangsweise bei Behandlungen. Nach einem Jahr bat sie um ein Gespräch und vertraute mir an, es sei mittlerweile ihr sehnlichster Wunsch, als Heilerin zu arbeiten. Ob sie denn bei uns zunächst stundenweise einsteigen könne? Sie fühle sich so sehr in ihrer Mitte, wenn sie andere Menschen behandle; es fühle sich an, als habe sie ihre wahre Bestimmung entdeckt.

Ich musste Angelika etwas hinhalten, denn wir arbeiteten nur mit Kolleginnen und Kollegen zusammen, die aus der Geistigen Welt erklärtermaßen besondere mediale und energetische Geschenke zur Ausübung des Heilerberufs erhielten. Die Auskunft lautete: „Sie hat sich für dieses Leben ursprünglich andere Aufgaben gewählt. Aber da es jetzt ihr spürbarer Herzenswunsch ist, zu heilen und mit euch zu arbeiten, dann gewähren wir ihr gern alle erforderlichen Kräfte." So kam es dann auch. Unsere Patientinnen liebten ihr einfühlsames Wesen und die klaren Worte, die sie fand. Angelika überlegte schon, wann sie in der Bäckerei kündigen können, wo sie ihr Geld verdiente. Das alles hielt zwei Jahre an. Nach einem Urlaub mit ihrem Freund kehrte sie völlig verändert zurück, um uns kurz vor einem Heilertreffen mitzuteilen, dass sie mit sofortiger Wirkung ausscheide. Ihre langen wallenden Haare waren kurz geschnitten, ihre legere Kleidung eingetauscht gegen einen streng geschnittenen Hosenanzug. Vor uns stand eine völlig andere Frau, kaum wiederzuerkennen. Jede Diskussion war überflüssig, ihre Entscheidung klar gefallen. Uns blieb, ihr zu danken und alles Gute für den nun abermals neuen Weg zu wünschen. Wir hatten damals nicht den Eindruck, dass dies ein anderer Herzensweg sei. Aber stand uns ein Urteil zu? Was blieb, war die offene Frage, ob die vor Jahren gefühlte Berufung zur Heilerin tatsächlich ihre neu gefühlte Bestimmung in diesem Leben gewesen sei. Es fühlte sich jedenfalls so an, und deshalb stimmten auch die sie begleitenden Wesen in der Geistigen Welt zu.

Dieses Beispiel macht deutlich, dass unser Recht auf freie Entscheidung über unseren Weg Vorrang hat vor allen sonstigen Festlegungen. Immerhin: Angelika hatte überhaupt tief hineingefühlt und war zu Beginn jedenfalls entschlossen, dem Ruf des Herzens zu folgen.

Wie wir sahen, fällt es sonst schon bei der Berufswahl oft schwer, der Berufung den höchsten Stellenwert einzuräumen, in dieses Potenzial zu vertrauen. Worin also besteht unser Problem mit dem Glücklichsein? Im Loslassen. Wie aber können wir uns unserer Bestimmung öffnen, ohne loslassen zu können? Können wir sie unter solchen Umständen überhaupt erkennen, geschweige denn, sie annehmen?
Der erste Schritt heißt:

Loslassen lernen

Evelyn lebte schon seit zwei Jahren getrennt von ihrem früheren Partner Ulli. Dieser war zuvor geschieden und hatte erhebliche Probleme damit, sich überhaupt wieder auf eine Beziehung einzulassen. Ursprünglich hatte ich beide behandelt. Nachdem aber klar war, dass ich für eine Beziehung nichts ausrichten konnte, willigte ich ein, Evelyn behilflich dabei zu sein, sich emotional aus der Beziehung zu lösen. Heute saß sie nun zusammengeknautscht da wie ein Häuflein Elend und beklagte sich, sie sei am Ende ihrer Kräfte, denn mit dem Loslassen klappe es einfach nicht. Immer dann, wenn sie das Verlangen überkam, Ulli zu treffen, setzte sie sich in ihr Auto und fuhr über 20 Kilometer zu Ullis Hof – um sich dann bereits beim Eintreffen dort zu ärgern, dass sie diesem Druck nicht widerstanden hatte. Ulli wehrte sich nicht und ließ sie immer wieder hinein. War das ein kräftezehrendes Spiel ohne Ende? Wie sollte sie da rauskommen? „Hör vor allem auf, dich zu zermürben", riet ich ihr. „Ändere dein Verhalten in kleinen Schritten." „Wie denn das?", entgegnete Evelyn. „Warum fährst du jedes Mal die 20 Kilometer? Wenn du unterwegs fühlst, dass es Unsinn ist, dann kehre um. Und selbst dann, wenn du schon bei Ulli durch die Hoftür fährst, wende und fahr zurück. Scher dich nicht um das verfahrene Benzin, nicht um die Zeit, nicht um das, was er wohl denken mag, wenn er dich wenden und wegfahren sieht." Evelyn sah mich an, als hätte ich von ihr verlangt, vom Zehn-Meter-Brett in ein abgelassenes Schwimmbecken zu springen. „Versteh doch, ich finde mich jedes Mal völlig bescheuert und bin total wütend auf mich selbst, schreie mich selbst an..." „Ja, das ist der Kernpunkt", entgegnete ich. „Nicht das Benzingeld, sondern dein eigener Energieverlust, weil du meinst, dich für dein Handeln, deine Schwäche schämen, kritisieren oder gar verachten zu müssen. Wenn du das in kleinen Schritten änderst und aufhörst mit der Selbstzerfleischung, umkehrst und einmal versuchst, über dich selbst zu lachen, herzhaft wohlgemerkt, dann wird sich das Blatt wenden."

Zwei Tage später fuhr Evelyn noch einmal los, stoppte nach zwei Kilometern und rief mich unter Lachsalven an, um zu berichten, dass es ihr gelungen sei. Ich war mir sicher: Dieser Schritt, endlich loszulassen, wäre nicht gelungen, wenn ich ihr aufgetragen hätte, unter gar keinen Umständen mehr loszufahren.

Evelyn kam nun zu sich selbst, vor allem leitete sie viele Veränderungen in ihrem Leben ein. Sie zog um, besuchte Kreativkurse, wechselte schließlich sogar in einen künstlerischen Beruf und gab mutig die aufreibende Arbeit als Versicherungskauffrau auf. Sie überwand die Existenzangst zugunsten der gefühlten Berufung und hatte dank ihres Selbstvertrauens Erfolg.

Ähnliche Erlebnisse im Patienten- und Freundeskreis hatte ich häufig, wenn es darum ging, loszulassen und Verhaltensmuster oder Gewohnheiten zu ändern. Das funktionierte nicht immer von heute auf morgen, ebenso wenig, wenn Menschen der Meinung waren, sie bräuchten „halt ihre Zeit". Was lernen wir daraus für die Entscheidungen, die wir im Leben zu treffen haben, insbesondere jene, deren Umstände erheblichen inneren und äußeren Druck auf uns ausüben?

Wann etwas an der Zeit ist, können wir spüren, denn es werden uns Zeichen gesendet, um uns Anstöße zu geben. Doch die Entscheidung triffst am Ende immer du selbst, du allein. Nichts und niemand sitzt dir im Nacken, um dich zu bremsen oder zu beschleunigen. Alles liegt in deiner Entscheidungsfreiheit, deiner Verfügungsmacht über dich selbst. Aber ja, das ist oft eine Herausforderung.

Der schwierige Umgang mit der Endlichkeit eines Lebens beispielsweise führt dazu, dass sich alleinstehende Menschen unglaublich schwer damit tun, den Tod des Partners zu verarbeiten. Das setzt voraus, Tote loszulassen, ihnen Gutes zu wünschen für den weiteren Weg der Seele und sich auf sich selbst und den eigenen weiteren Weg zu besinnen. Viele sogenannte erdgebundene Seelen halten wir davon ab, ihren Weg ins Licht zu finden, weil wir uns an sie klammern. In meiner Kindheit kannte ich fast nur „schwarze Witwen". Männer, die ihre Frau verloren hatten, trugen nur kurze Zeit schwarz, manche Witwen dagegen für den Rest ihres Lebens. Meine Großmutter, lange Zeit Inhaberin eines Modegeschäfts, hatte zwei Männer durch Krieg und Krankheit verloren. Sie trug kein Schwarz. Als ich sie danach fragte, antwortete sie: *„Ich selbst habe Schreckliches erlebt und bin nun überglücklich, dass ich in Frieden und Freiheit mit euch gemeinsam ein schönes Haus mit einem wundervollen Garten bewohnen darf. Ist* *das ein Grund, den Rest meiner Tage in Trauer zu verbringen? Das Leben geht weiter und ich hoffe, der Tod hat noch ein wenig Geduld.*" Sie wurde 92 Jahre. Andere Beispiele erspare ich uns. Schau besser mal bei dir selbst nach.

Fragen für dich:
Tue ich mich schwer damit, Lasten hinter mir zu lassen und alte Themen endlich einer Lösung durch Loslassen zuzuführen?
Was habe ich mir diesbezüglich vorgenommen? Vielleicht als „guten Vorsatz" zum Jahreswechsel? Habe ich es geschafft oder noch nicht?
Verdränge ich solche Themen? Ist es sinnvoll, einmal darüber zu meditieren oder die Probleme aufzuschreiben, um sie ins Bewusstsein zu heben?
Wie gehe ich mit mir selbst um, wenn ich mit einem Loslass-Thema konfrontiert werde?
Kritisiere und verurteile ich mich selbst?
Schiebe ich die Verantwortung auf andere Menschen oder bestimmte Umstände?
Wie könnte ich mich in diesen Situationen anders verhalten?
Was verhindere ich, welche Wünsche oder Entwicklungen unterdrücke ich, weil ich nicht loslassen kann?

Was deinen Träumen vom Glücklichsein und manchem Vorhaben im Wege steht, sind unerledigte Themen, die dich drücken wie Schwergewichte. Deine Gedanken kreisen darum, wie du sie lösen, also loswerden könntest. Lösen heißt nicht, dass du deinen Kopf weiter mit Überlegungen quälst, wie du eine Endlosschleife auflösen könntest. Es geht nicht darum, an den Themen festzuhalten, sondern Loslassen steht an.

Hältst du einen Stein in der Hand und willst ihn loslassen, dann öffnest du die Hand und er fällt heraus. Ich bleibe mal etwas von Herzen spottend bei diesem Bild, so wie es in einem Channeling zu uns kam: Wenn dir die einfache Lösung unzureichend oder unsportlich erscheint, die Schwerkraft für dich arbeiten zu lassen, kannst du auch deine eigene Kraft aufwenden und den Stein wegwerfen. Höhe und Weite des Bogens bestimmst du. Auch könntest du einen schweren Stein wählen, doch auch damit kommt unweigerlich der Augenblick, um loszulassen und den Stein welcher Art auch immer aus dem Griff deiner Hände zu lösen.

Schon beim Loslassen also liegt die Entscheidung bei dir allein. Womit wir beim nächsten Schritt auf dem Weg zur Bestimmung wären.

Entscheiden üben

Zuerst stellst du dir vielleicht die Frage, warum du überhaupt lernen solltest, dich zu entscheiden. Ist das eine so wichtige Eigenschaft, dass sie hier noch einmal hervorgehoben werden muss? Ist es dann wenigstens mit dem Loslassen getan?

Leider nicht. Der Weg durch dein Leben besteht aus einer endlosen Kette von Entscheidungen. Das beginnt mit der Frage, welches Essen du am Mittag wählst. Manche Menschen tun sich schon damit schwer. Dies betrifft keineswegs nur die Abwägung zwischen gesunden Mahlzeiten oder dem plötzlich dominierenden Verlangen nach einem Fastfood-Gericht.

Hinweisende Zeichen ergeben in diesem Zusammenhang doch nur Sinn, wenn wir sie als Entscheidungshilfen betrachten und nutzen. Entscheiden wir uns nicht und werden somit zum Spielball unkalkulierbarer

Kräfte, häufen sich die Warnzeichen. Viele gerade schwere Krankheitsverläufe gründen darin, dass die betroffenen Menschen über lange Zeiträume keine Entscheidungen getroffen haben.

Entschlüsse fassen, etwas gedanklich abzuschließen und deine klemmenden oder verschlossenen Fenster und Türen mental neuen Impulsen zu öffnen, ist eine Voraussetzung zu „entschlossenem" Handeln und dafür, aufgeschlossen zu sein. Es ist der Gedanke, vielleicht das erklärende Wort, aber noch kein erster Schritt. Der liegt in dem, was wir Entscheidung nennen.

Ent-Scheiden heißt bildlich: Ich ziehe mein Schwert aus der Scheide und richte meine Energie aus auf das Ziel. Das ist keine Aufforderung zu kriegerischem Verhalten. Auch die Erzengel sprechen davon, dass sie uns ihr Licht-Schwert verleihen, damit wir in ihrem Namen heilend tätig sind, indem wir ihre Energie durch unseren Willen lenken.

Wenn du dein Schwert des Handelns aus der Scheide ziehst und es dorthin ausrichtest, wo du etwas erreichen willst, geht es um nichts weniger als um den nächsten »entscheidenden« Schritt in deinem Leben: um deinen ureigenen Beitrag als Schöpferin oder Schöpfer deiner Lebenswirklichkeit.

Mach dir bewusst: Gibst du deiner eigenen Kraft keinen richtungsweisenden Ausdruck, keinen Wirkungsimpuls, bleibt sie Spielball anderer Kräfte, denen du ausgeliefert bist und Zug um Zug die Gestaltungshoheit über dein Leben verlierst. Wie oft hören wir Sätze wie: „ich weiß nicht...", „Ich bin noch unentschlossen ...", „Was meinst du, was soll ich tun?" Das bedeutet Ausweichen oder das bequeme Delegieren an den hoffentlich „guten Rat" Dritter. Das Spiel kann zum endlosen Drama verkommen, zu einem Nichthandlungs-Muster.

Erinnerst du dich an die Schilderung meines Behandlungserlebnisses im Vorfeld meiner Ehescheidung? Da trug eine Frau einen silbernen Schlüssel vor ihrem Herzen. Den erhielt ich am Tag darauf mit dem Kommentar, ich brauche ihn nun wohl selbst. Der Schlüssel zu den wahrhaftigen Entscheidungen, die wir treffen, liegt weder im Kopf noch im Bauch. Er liegt in unserem Herzen. Es ist der Universalschlüssel schlechthin, denn er öffnet das Tor der Liebe, der universellen Liebe. Diese Liebe ist unbegrenzt, sie strahlt als einzige Kraft in jede Richtung. Wir müssen diese Kraft nicht lenken, nicht auf irgendein Ziel oder einen Menschen ausrichten. Voraussetzung dafür ist allerdings, dass wir uns selbst unserem Herzen öffnen.

Öffnen wir unser Herz, dann tun wir es niemals nur für uns selbst. Jede Entscheidung, die du aus dieser Energie heraus triffst, ist die richtige für dich und zugleich das richtige Signal an die Schöpfung zum Wohle aller – unabhängig davon, wie andere Menschen darauf reagieren, ob sie verletzt sind oder nicht. Das ist ihre Reaktion, die allein sie selbst zu verantworten haben.

Das führt uns noch einmal zum Begriffspaar Be-Deutung und Be-Wertung. Was bedeutend für dich ist, was du als solches deutest, hängt ab von einem Urteil über den Wert, der Bewertung. Die Beimessung eines Wertes erfolgt nach Kriterien, die für deine Beurteilung einer Handlungsweise, eines Sachverhaltes, von Dingen oder Erscheinungen von Bedeutung sind. Diese Kriterien können aus deiner Erziehung, deinen Erfahrungen, deinen Überlegungen und Gefühlen entstehen. Sie sind und bleiben immer eine subjektive Wertzuweisung, können sich aber natürlich im Laufe des Lebens ändern. Was für dich bedeutend ist, gewinnt Gegenwärtigkeit in einer konkreten Entscheidung. Die dazu getroffene Bewertung ist Ausdruck deiner persönlichen Wahrheit, also dessen, was du für wahr nimmst und hältst.

Deine Wahrnehmung prägt auch den Radarschirm deiner Sinne. Daraus ergibt sich, was du „auf dem Schirm" hast. Das gilt auch für die Zeichen-Welten, zu denen du Zugang findest, ob du sie beachtest oder nicht, zu deuten vermagst oder nicht.

Deine Wahrnehmung ist keine objektive Größe. Deine Mitmenschen können denselben Sachverhalt völlig anders wahrnehmen. Fühlst du dich durch Worte oder Handlungen eines anderen Menschen provoziert, dann ist das nichts anderes als eine Projektion deines Wertesystems. Denn was dich triggert, ist die Verletzung deiner Werte und deiner Bedürfnisse. Doch diese verantwortest ausschließlich du allein und folglich auch deine Reaktionen darauf. Setze dich mit solchen Situationen auseinander und finde heraus, weshalb du in Resonanz gegangen bist, was das mit dir gemacht hat und wie du eine Veränderung herbeiführen kannst. Wo könntest du dein Wertesystem überdenken oder besser erfühlen?

Wenn du Entscheidungen triffst, kann ein Problem in der Fokussierung bestehen, in der Präzision deiner Wünsche und Befehle. Bleibt etwas unklar, wirst du es an unerwarteten zeichen-Botschaften erkennen und an deiner Resonanz.

Eine Kollegin rief mich an und sprach über ihren schlechten mentalen und gesundheitlichen Zustand. Sie habe gerade überhaupt keine Lust, Freunde oder Verwandte zu sehen, am besten mal keine Kontakte. Sie brauche konsequent Zeit für sich. Ich riet ihr zu, wenn sie für sich Klarheit über dieses Bedürfnis gewonnen habe. Eine knappe Woche später beklagte sie sich, dass die Praxis nicht laufe und keine Patientinnen und Patienten anriefen. Dabei sei die nächste Miete fällig! Ich erinnerte sie an ihren Entschluss, für einige Zeit alle Kontakte zu unterlassen, die sie Kraft kosten könnten, und

fragte, wie sie diesen Wunsch denn für sich und dem Universum gegenüber als „Bestellung" formuliert habe. Es stellte sich heraus, dass die Bestellung unklar gewesen war. Patientinnen und Patienten hätte sie sehr wohl gerne weiterhin gehabt!
Willensbekundungen und Bestellungen beim Universum fruchten auch nicht, wenn bei der Lieferadresse etwas nicht stimmt – selbst wenn sie von Herzen kommen.
Die Krankenschwester, die mich an der Bahn abholte, um ihr Haus entstören zu lassen, hatte im Vorjahr ihre Heilerausbildung bei uns abgeschlossen. Sie klagte schon während der Autofahrt bitterlich darüber, dass keine Patientinnen und Patienten zu ihr kämen. So jedenfalls könne sie in der Klinik nicht reduzieren, geschweige denn aufhören. Sie verstehe das nicht, da es doch ihr Herzenswunsch sei, sich als Heilerin niederzulassen. Ob das etwa ein Zeichen sei, das nicht oder noch nicht zu tun?
Bei der Entstörung öffnete ich die Zimmertür zu dem Raum, der ihr als Praxis dienen sollte. Ganz hinten an der Wand, verstaut hinter allem möglichen Plunder und Möbeln, die in einer Praxis wenig dienlich waren, stand zusammengeklappt ihre Behandlungsliege. „Das Zeichen gegen die Erfüllung deines Herzenswunsches hast du hier doch selbst manifestiert", sagte ich leicht entsetzt. „Oder bist du bei uns in der Praxis auch im Abstellraum behandelt worden?" Die logische Resonanz lag im Ausbleiben der Patientinnen und Patienten. Die Praxis lief dann recht bald, nachdem sie einmal liebevoll eingerichtet worden war.

Dies ist ein Beispiel dafür, dass du unversehens widersprüchliche oder paradoxe Botschaften ans Universum senden kannst. Wenn etwas in dir selbst oder im Umfeld nicht stimmt, kannst du noch so viel bitten, wünschen und werben – der Erfolg wird ausbleiben. Wie immer du das dann herleiten magst, mache dich besser daran herauszufinden, worin die widersprüchliche Botschaft besteht, wo dein blinder Fleck liegt.

Der richtige Zeitpunkt

Den Begriff vom richtigen Zeitpunkt kennst du vielleicht aus dem Mondkalender. Da kannst du anhand der Tagesqualitäten erkennen, ob es günstig ist, im Garten zu pflanzen, deine Fingernägel zu schneiden oder eine bestimmte Operation anzugehen. Das hängt davon ab, welches Sternzeichen der Mond gerade durchläuft und ob es den Qualitäten der Elemente Feuer, Wasser, Luft oder Erde zugeordnet ist. Was ansonsten für dich zu welcher Zeit an welchem Ort richtig oder wichtig ist, solltest du in dir selbst erspüren lernen. Aber auch Zeichen-Botschaften können dich auf die „Fälligkeit“ einer Entscheidung hinweisen.

Es war am 3. Advent 2002, Sonntag Nachmittag gegen 15 Uhr. Wieder einmal saß ich in meinem Arbeitszimmer vergraben an der Abfassung eines Gutachtens. Gegen 16 Uhr wollten wir um den Adventskranz gemeinsam Kaffeetrinken. Schon hörte ich die Kinder freudig herumlaufen. Ich starrte einen Moment vor mich hin, dann brach es aus mir heraus. „Es reicht!“ zischte ich leise, schaltete den PC aus und schob die Unterlagen in eine Mappe. Als ich vorzeitig im Wohnzimmer erschien, sah mich meine damalige Frau durchdringend an. „Du hörst auf in der Unternehmensberatung?“, konstatierte sie. Mein entschlossener Blick schien alles verraten zu haben. „Das habe ich schon kommen sehen“, lächelte sie. „Müssen wir noch gemeinsam aufschreiben, was dafür und was dagegen spricht?“ Nein, eine Mediation brauchte ich nicht mehr. Die Entscheidung war gefallen. Am Montag würde ich es in der Vorstandssitzung vorbringen, am Dienstag schon war ohnehin Aufsichtsratssitzung im Beisein unserer Notarin, da würde alles geregelt. Ich rief noch meine damalige Astrologin an. Den jährlichen Termin bei ihr hätte ich erst eine Woche später gehabt. Sie rief nach kurzer Zeit zurück mit dem Rat, in jedem Fall als Vorstand zurückzutreten. In der Woche darauf meinte sie, ich hätte das sehr gut gespürt. Ansonsten hätte sie mich gefragt, ob es nicht an der Zeit sei, wieder allein und eigenverantwortlich tätig zu sein. Ich schied ohne Probleme als Vorstand aus und erhielt sofort als Freelancer genügend Aufträge für meine neuerliche Selbstständigkeit. Vor allem fühlte es sich sehr gut an.

Nach meinem Gefühl habe ich mehrfach im Leben zum richtigen Zeitpunkt Arbeitgeber oder Berufe gewechselt. Was sich nicht mehr richtig anfühlt, ist so gut wie vergangen. Dann spüre hinein, was sich stattdessen gut anfühlt, und ziehe die Konsequenz. Es wird immer stimmig sein und vor allem dazu führen, dass es dir auch wirtschaftlich gut geht.
So oder so wirst du zum Aufrütteln oder zur Bestätigung Zeichen-Botschaften erhalten.

Kompetente astrologische Beratungen können ebenso gute Dienste leisten. In deinem Kosmogramm gibt es zum Teil über längere Zeiträume hinweg energetische Konstellationen, bei denen das eine besonders günstig aussieht, das andere dagegen eher kritisch einzuschätzen ist. Es geht niemals darum, dir etwas vorzuschreiben, sondern dich zu sensibilisieren, wo in welchem Zeitraum deine Stärken und Schwächen liegen können. Deine Schlussfolgerungen daraus ziehst nur du selbst. Dieses Buch schreibe ich nicht von ungefähr jetzt, obgleich das Projekt schon einige Jahre in mir schlummert. Warum? Nun, für mich stehen die Zeichen auf Einkehr bei mir selbst.

Rückverbinden

Deine Wahrnehmung von Zeichen und deine Bedeutungszuweisung hängen eng zusammen mit dem, was für dich wirklich und wahr ist. Umgekehrt gilt: Wie wirklich oder wahr deine Wirklichkeit ist, stellt sich oft genug in deiner Konfrontation mit Zeichen heraus, die dir in dein Leben geschickt werden. Zeichen sind Lernhilfen, Leitplanken, doch ob sie zu Leidplanken werden, liegt ganz bei deiner Entscheidung. Viel hängt davon ab, welchen Weltanschauungen du dich öffnest, wie offen oder abschottend deine Überzeugungen sind. Überheblichkeit kann dabei ebenso problematisch sein wie Unsicherheit. Welche Rolle spielen deine eigenen Erfahrungen? Welchen Dogmen hängst du an, also normativen Glaubenssätzen?

Worauf ich hinauswill? Auf das schon angesprochene Bedürfnis eines jeden Menschen nach dem „Warum“, nach einer Antwort auf die Frage nach dem Sinn des eigenen Seins zwischen Himmel und Erde. Woran orientiert sich dein „Warum“?

Ich habe nichts zu Religionen geschrieben oder zu Weltanschauungen, die ihnen ähneln. Dabei bleibt es auch, es ist deine Wahl, in welchem geistigen Hafen du Anker werfen oder an Land gehen willst. Interessant ist dazu allerdings, die sprachlichen Wurzeln des Begriffs Religion einmal zu betrachten:

Die lateinische Religio bedeutet Gottesfurcht, Frömmigkeit, Heiligkeit, auch Bedenken oder Gewissenhaftigkeit. Auf lateinische Verben bezogen, gab es zwei auffallend unterschiedliche Strömungen: einmal

relegere mit der Bedeutung „wieder auflesen, sammeln, wickeln, bedenken, achtgeben“; zum anderen religare mit der Bedeutung „anbinden, zurückbinden, festhalten, an etwas festmachen“.
Möchtest du frei und eher nicht angebunden sein, dann dürfte es wohl mehr um ein spirituelles Verständnis gehen, das deiner individuellen Suche nach Verwurzelung im Leben entspricht.
Ich selbst hatte immer und habe noch eine tiefe Abneigung gegen jedes dogmatische System, gegen Glaubenssätze. Was nicht bedeutet, dass ich keine gehabt hätte oder vielleicht noch immer unbewusst habe. Rückverbindung ist für mich individuell und keine lebenslange Fixierung. Als mich einer meiner Lehrer einmal nach meinem Standpunkt fragte, lautete meine kecke Antwort: „Ich habe keinen Standpunkt, an dem ich stehen bleibe, ich gehe.“ Stimmt, ein Punkt beendet etwas und steht im Zweifel gegen den Lernprozess. Wie können wir behaupten zu lernen, wenn wir diesen Vorgang mit einem innerlich gesetzten Punkt längst überwunden haben?
Sinnsuche ähnelt einem ständigen Lerndialog – mit dir selbst und auch mit Botschaften von außen. Das meine ich mit Rückverbinden: Innehalten, Spüren, Fühlen, zum Beispiel in der Meditation.
Wie du innehältst und meditierst, sei deine Wahl. Ich finde es wichtig, gerade hier Empfehlungen zu unterlassen. Hol dir Anregungen, wenn du magst, teste aus, finde heraus, welches Ritual der Rückverbindung dir am ehesten entspricht. Für mich ist das zum Beispiel sehr langsames Gehen im Wald oder in Gärten, um dabei etwas zu durchdenken, zu erfühlen, Eingebungen zu bekommen. Erschaffe dir deine eigenen Rituale, so, wie sie gut in dein Leben, deinen Alltag passen.
Darüber hinaus gibt es auch Zeiträume oder Zeitpunkte, die besonders geeignet sind, um Zeichen-Botschaften zu empfangen. Viele Menschen ziehen es vor, bei einbrechender Dunkelheit oder in den

Nachstunden zu meditieren. Besondere Energien bieten Voll- oder Neumond, Sonnen- oder Mondfinsternisse, die Tag-und-Nacht-Gleichen oder die beiden Sonnenwenden.

Willst du den Blick verarbeitend auf vergangene Monate richten oder vorausschauend auf ein neues Jahr? Dann empfehle ich dir, die „große Pause zwischen den Jahren“: die sogenannten „Rauhnächte“.

Die magischen Rauhnächte sind deswegen eine ganz besondere Zeit, weil wir in dieser Phase Zeichen und Hinweise bekommen, die sich auch auf unsere Zukunft beziehen, auf das kommende Jahr. Dabei ist jede Rauhnacht einem Monat zugeordnet. Mehr dazu findest du in dem Buch *Raunächte – Zeit für mich*[7], das Anne und ich geschrieben haben. Für uns liegen die darin beschriebenen Tagesqualitäten im Zeitraum vom 21. Dezember bis 3. Januar. Freilich gibt es auch andere, an den christlichen Feiertagen orientierte Datierungen, namentlich das Zeitfenster vom 24. Dezember bis 6. Januar. Die Zuordnung der 12 Tage zu jeweils einem der kommenden 12 Monate bleibt natürlich auch hierbei unverändert bestehen.

Wenn du all die hilfreichen Hinweise nicht verpassen willst, dann öffne deine Sinne in den Rauhnächten und darüber hinaus in deinem Alltag. Du wirst schnell gewahr, was alles für dich inszeniert wird, um dir auf dem Lebensweg oder in wichtigen Momenten zu helfen. Diese Zeichen zu erkennen und die Botschaften zu verstehen ist überhaupt nicht schwer. Ich hoffe, du kannst jetzt auch für dich einiges „mit anderen Augen“ sehen und so manch einen wertvollen Hinweis erhalten, um die eine oder andere Entscheidungshilfe wahr- und anzunehmen.

Kapitel 9 – Zeichen per Zufall

Was denn? Ist das etwa kein Gegensatz mehr? Du fragst dich, warum ich zum Schluss ausgerechnet dieses Fass nochmals aufmache? Aber ist denn das Verhältnis von Zufall und Zeichen für dich wirklich geklärt mit dem, was ich hier geschildert habe?
Rede ich über Zeichen-Botschaften, begegnet mir zu Recht die Frage: Gibt es dabei nicht doch ganz zufällige Ereignisse – solche ohne Ursache, ohne Kausalzusammenhang?

Wenn unser Erleben einem Plan folgt, der aus einem Mix besteht zwischen Wünschen, die uns in ein glückliches Dasein führen, und karmisch bedingten Aufträgen, die wir noch abzuarbeiten haben, weil es Altlasten aus früheren Inkarnationen gibt – ist dann wirklich überhaupt kein Spielraum mehr für davon losgelöste Ereignisse, die unvorhersehbar sind?

Vieles von dem, was wir in diesem Verständnis als Zufall einstufen, ist es nicht. Die meisten Menschen begegnen uns keineswegs zufällig. Sie haben Botschaften für uns, Lektionen im Guten wie im Schlechten, je nach Anlass und Empfinden.
In vielen Lebensplänen gibt es Optionen, je nachdem, ob und wie wir bestimmte Aufgaben bewältigen, Situationen und Beziehungen, mit denen wir je nach Plan konfrontiert werden. Die meisten davon treten jedoch als Zufall in unser Leben. Unsere Freiheit besteht darin, innerhalb eines klaren Rahmens von Möglichkeiten Entscheidungen zu treffen, die dann in bestimmte Varianten münden. Ein friedlicher

Tod kann da ebenso als Möglichkeit für ein Leben bestehen wie ein Unfalltod. Hier ist der Ausgang immer klar, die Form jedoch offen.

Auch dein Karma – im engeren Sinne als schuldhaftes Verhalten – muss ja einmal begonnen haben, als du in einem vielleicht fernen Leben gegen das universelle Gesetz der Liebe verstoßen und jemanden umgebracht hast. Karmisches Erleben besteht darin, dass du danach als Seele in einer der nächsten Inkarnationen dasselbe erleben willst und musst, um diese Schuld zu löschen. Das kann ein manchmal endloser Kreislauf von Ursache und Wirkung sein.
Wenn es aber einen solchen Anfang gab, dann ist von der Logik her nicht auszuschließen, dass auch in deiner jetzigen Inkarnation neues Karma entstehen könnte. Zum Beispiel könntest du Opfer eines Steinwurfes durch einen frustrierten Menschen von einer Autobahnbrücke werden. Dieser Vorfall könnte dich zufällig treffen und nicht aus karmischen Gründen.
Das ist so, doch auch wieder nicht. Es gibt ein Wenn und ein Aber.
Unsere menschliche Entscheidungsfreiheit erfordert geradezu die Möglichkeit des Zufalls. Die Wut des Steinewerfers trifft, so betrachtet, einen „Unschuldigen“. Sind wir dieser Laune schutzlos ausgeliefert? Diese Frage müssen wir zunächst grundsätzlich bejahen.
Wenn das also so ist, habe ich dann gerade den Zufall gerettet und damit seine Berechtigung nachgewiesen?
Dann aber müsstest du den Zufall viel mehr fürchten, ihm mehr Macht über dich und dein Leben einräumen als irgendwelchen Zeichen-Botschaften, einschließlich der bösen Omen. Denn gäbe es den Zufall in dieser Konsequenz, gäbe es aber keine Warnzeichen oder bösen Ahnungen. Der Zufall ließe dann nur noch Raum für böse Überraschungen.

Aber ergibt es Sinn, dass wir uns durch Angst vor bösen Überraschungen beunruhigen lassen? Gibt es denn in unserem Leben nicht auch wunderbare Überraschungen? Denkst du bei solchen positiven, plötzlich und unerwartet eintretenden Ereignissen darüber nach, ob sie einen karmischen Hintergrund haben? Das könnten sie doch auch, oder? Wir reden nicht ohne Grund von seltsamen, glücklichen, dummen, ärgerlichen oder merkwürdigen Zufällen.

Damit steht die Daseinsberechtigung des Zufalls schon wieder infrage. Wie verhält es sich denn mit Warnzeichen, von denen manche Menschen berichten, die Opfer eines bestimmten Vorfalls hätten werden müssen? Da hängt das Ergebnis davon ab, ob sie den Zeichen Folge leisten oder nicht. Ich denke an einen Tennisspieler, der einem unguten Gefühl folgend im letzten Moment nicht in das startklare Flugzeug stieg. Es stürzte ab.
Die eine Lehre, die du daraus ziehen kannst, lautet: Nicht alles soll alle Menschen treffen, die sich zufällig in einer Situation aufhalten. Überleben ist dann keineswegs zufällig. Ob jemand durch den Tsunami ertrinkt und ein anderer Mensch nicht, hätte dann doch wieder mit dem Karma zu tun, der Vorsehung also.

Gehen wir weiterhin davon aus, dass unser Sein und Handeln das Resonanzfeld um uns herum prägt, dann bleibt es immer und überall für jedes Erleben entscheidend, wer und was mit uns gerade in Resonanz geht. Dann aber ist auch neues Karma „im Feld". Denken wir nur an die geschilderte Anziehungskraft des Opferverhaltens. Missbrauch ist das Ergebnis einer Resonanz, ganz unabhängig davon, ob es sich um altes oder frisches Karma handelt. So befremdend oder gar abscheulich du den Gedanken auch empfinden magst: Opfer und

Täter sind Lernpartner. Mein Unfallgegner ist mein Unfall- und Lernpartner. Die Disposition im Feld führt uns zusammen, seine Lektion lernt jeder Beteiligte für sich – oder eben auch nicht.

Was oder wer dir begegnet und die Art der Begegnung bleibt also eine Frage des Resonanzfeldes, das dich umgibt. Ereignisse müssen nicht karmisch bedingt sein. Gibt es keine unmittelbar damit zusammenhängenden Warnzeichen, dann trägst du mit deinem Verhalten dennoch eine Mitverantwortung. Es geht um die Zeichen, die du mit deinem Verhalten setzt, auch wenn sie dir nicht bewusst sind.

Ein alltägliches Beispiel kann das verdeutlichen: Du magst noch so friedliebend sein, aber heute bist du „irgendwie schlecht drauf". Egal, wer oder was dir sprichwörtlich über die Leber gelaufen ist oder ob du nur extrem schlecht geschlafen hast, du bist gereizt und reagierst anderen gegenüber unwirsch, als du den Supermarkt betrittst. Dann dauert es allenfalls Minuten, bis es dir so vorkommt, dass alle Einkaufenden dir im Wege stehen, sich vor demselben Regal stauen, aus dem du etwas entnehmen willst, dass nach deinem Empfinden ohnehin mal wieder alles ausverkauft ist, was du benötigst, dass die Kassiererin unfreundlich ist und dich anmacht, der alte Mann hinter dir herumnörgelt, dass dein Einkaufswagen im Wege steht usw.

Die Kernfrage lautet also immer: In welchem energetischen Feld hältst du dich gerade auf? Aggressivität arbeitet sich an dir ab, wenn dein Feld eine Resonanz aufweist.
Lässt du dich mental auf das Corona-Feld ein, öffnest du dich den Viren, indem du deine Immunabwehr schwächst durch die Schwingungen der Ängste, Verschwörungstheorien und der Wut. Richtest du

deine Gedanken dagegen auf die Gesundheit deines Immunsystems und gehst nicht in Resonanz mit dem starken kollektiven Feld, dürfte es besser um dich stehen.
Fühlst du mit, wenn es anderen Menschen schlecht geht, oder leidest du mit? Jedes Einlassen auf Resonanzfelder, die dir Energie abziehen, schadet dir und stärkt die Negativität des betreffenden Kollektivs und somit das Leid. Das ist völlig unabhängig davon, auf welcher Seite du in einer Auseinandersetzung stehst. Entscheidend ist die Energie, in der du denkst, fühlst und handelst. Das bedingt den Zufall, eben das, was dir zufällt. „Gott würfelt nicht", schrieb Albert Einstein in der wissenschaftlichen Debatte über den Charakter des Zufalls.

Zufall wird oft als Gegensatz zur Notwendigkeit betrachtet. Aber ist das plausibel? So kann doch eine für uns in diesem Leben als zufällig empfundene Begegnung zu unserem Lebensplan gehören. Aus dieser Perspektive ist das geradezu eine unbedingte Notwendigkeit.
Es ergibt wenig Sinn, der Konvention zu folgen, die den Zufallsbegriff völlig aus jedem Geflecht von Ursache und Wirkung befreit mit der Argumentation, dass wir dann keine Entscheidungsfreiheit mehr hätten, sondern fatalistisch einem vorgegebenen Schicksal ausgeliefert seien. Demnach müsstest du den Zufall doch konsequenterweise mehr fürchten als den Tod, oder?
Wenn in deinem Lebensplan etwas vorgesehen ist, wird das daraus resultierende Ereignis irgendwann in deinem Leben eintreten. Da du nicht damit rechnest und dir der Hintergrund nicht bewusst ist, wirkt es auf dich überraschend und somit eben zufällig. Kannst du Zufällen ausweichen? Nein. Du hast nicht die Macht zu entscheiden, ob du Zufälle aus deinem Leben verbannen willst oder nicht.

Deine Freiheit besteht allein darin, in jeder Phase deines Lebens zu entscheiden, wie du auf ein noch so zufälliges Ereignis reagierst, wie du es interpretierst. Anders ausgedrückt: Wie du die Botschaft des Zufalls verstehst, da du ihm mit deiner Wahrnehmung und mit den Maßstäben deiner Wahrheit begegnest. Deshalb sind diejenigen Definitionen stimmiger, die den Zufall als nur scheinbar planloses Geschehen beschreiben.

Wenn ich ehrlich bin, dann verdanke ich den Zufällen in meinem Leben weniger die bösen Überraschungen wie Unfälle (denn diese waren oft absehbar), sondern viele wichtige und schöne Begegnungen, die eher vergleichbar sind mit Ausrufezeichen in meinem Leben.
So rate ich dir: Akzeptiere den Zufall und achte seine Zeichen-Botschaften. Du könntest sie zufällig übersehen. Zeichen werden oft per Zufall gesetzt.

Dankbarkeit

Loslassen – diese scheinbar so schwierige Übung – ebnet den Weg für Dankbarkeit. Dazu gehört, verzeihen zu lernen, vor allem dir selbst. Wie könnte ich meine eigene stolze Bilanz in der Missachtung von Zeichen hier vor dir ausgebreitet haben, wäre ich nicht daran gewachsen?
Also danke ich an dieser Stelle von Herzen

- allen Menschen, die meine Liebe und mein Vertrauen verschmäht und missbraucht haben. Sie haben mich gelehrt, nichts zu erwarten und zu beanspruchen, sondern Ruhe und Frieden in mir selbst zu suchen und zu finden;

• denjenigen, die sich in Dankbarkeit von mir abgewendet haben, in der Überzeugung, nur so unbeeinflusst zu sich selbst finden zu können. Sie haben mich gelehrt, in Liebe loszulassen;
• denen, die mich zu welcher Zeit auch immer in liebevoller Distanz begleiteten. Sie lehrten und lehren mich, auch den Schatten im Licht der Liebe anzuschauen;
• denjenigen Menschen, die in Liebe mit mir verbunden waren und sind. Sie lehrten und lehren mich, dass Beziehungen nicht geeignet sind, schwierigen Erfahrungen und Lektionen zu entfliehen, sondern gerade den wichtigsten von ihnen zu begegnen.

Ich danke besonders der Erde, die mir meinen Körper schenkte als Haus des Lernens, Handelns und Wachsens.
Das Thema der Zeichen ist für mich nicht neu. Anne war es, die mich zuerst ermutigt hat, auf unserem Blog darüber zu schreiben und mich nun endlich an dieses Buch zu wagen. Ihr gilt mein Dank für liebevolle Unterstützung und Geduld.
Schließlich gilt mein Dank all jenen Menschen, durch deren Beispiele ich erfahren durfte, was ich hier beschrieben habe. Ebenso danke ich all jenen Kräften und Wesenheiten, die mir ihre Lehren zuteil werden ließen und lassen.
Ich danke Alex Beckmann und dem Synergia Verlag für die engagierte und kreative Zusammenarbeit,
dir, liebe Leserin und lieber Leser, dass du es vielleicht bis hierhin mit mir ausgehalten hast.
Achte die Zeichen der Dankbarkeit und lerne zu danken: vor allem dir selbst und allen Wesen.

Literaturhinweise

[1] Möchtest du mehr erfahren zu den Hintergründen und Möglichkeiten geomantischer Entstörung und Energetisierung, empfehle ich dir gerne unser Buch dazu: Werner Hartung / Anne Stallkamp: Neue Geomantie – Heilung des Menschen und der Erde. Güllesheim, Omega/Silberschnur, 1. Auflage 2017.

[2] Caitlin Matthews: Keltische Weisheitsstäbchen – Ein Ogam-Orakel. München, Hugendubel, 2002.

[3] Michael Newton: Die Reisen der Seelen – Karmische Fallstudien. 5. Auflage, Edition Astrodata, Wettswil 2002. Ders. Die Abenteuer der Seelen – Neue Fallstudien zum Leben zwischen den Leben. Edition Astroterra, Wettswil 2001.

[4] Kahlil Gibran: Der Prophet – Wegweiser zu einem sinnvollen Leben. Walter Verlag, Olten und Freiburg,1972. S. 59f, Vom Tod.

[5] Neale Donald Walsch: Gespräche mit Gott. München, Goldmann, 3 Bände 1997-1999; Neuausgabe in einem Band 2009.

[6] Ausführlich zu diesem Thema: Stefan & Werner Hartung: Problemkinder – Was ist schon normal? – Alternativen aus ganzheitlicher Sicht. Verlag Die Silberschnur, Güllesheim 2018.

[7] Anne Stallkamp & Werner Hartung: Rauhnächte – Zeit für mich. Verlag Neue Erde, 4. Auflage, Saarbrücken 2019.

Über den Autor

Werner Hartung, Dr. phil., Jahrgang 1954, studierte Geschichte, Germanistik und Philosophie. Er ist Vater zweier erwachsener Kinder aus erster Ehe.
Mit 25 Jahren wurde er Geschäftsführer eines Umwelt- und Kulturdachverbandes.
1990 wirkte er am Aufbau der Kulturverwaltung in Sachsen-Anhalt mit. Anschließend arbeitete er bis 2004 selbstständig bzw. in leitender Funktion als Unternehmensberater für Kultur und Kulturwirtschaft. In diesen Zeitraum fielen Lehraufträge an der Universität Hildesheim, dann eine Honorarprofessur für Kulturmanagement im Studiengang Kulturwissenschaft an der Universität Bremen.
In den 90er-Jahren traten Hellsichtigkeit und Heilfähigkeit wieder stärker ins Bewusstsein. Reiki-Einweihungen führten dazu, dass die seit der Kindheit schlummernde Begabung aufbrach.
2005 gab Werner Hartung alle anderen Berufstätigkeiten auf, um sich fortan ausschließlich der Geistigen Heilung zu widmen. Anfang Januar 2006 gründete er eine Praxis in Hannover, 2007 die „Atlantis Heilerpraxis“ und den bis 2022 bestehenden gleichnamigen Zusammenschluss mehrerer selbstständiger Praxen in Deutschland und Österreich.

Neben den Behandlungen von Menschen und Tieren sowie der Heilerausbildung galt sein besonderes Interesse von Beginn an der geomantischen Erdheilung.
Gemeinsam mit seiner heutigen Frau, Anne Stallkamp, entwickelte er die „Neue Geomantie“, führt geomantische Projekte im privaten und unternehmerischen Bereich sowie Forschungsvorhaben und Geomantieausbildungen durch. Er ist Mitbegründer der 2010 entstandenen Gruppe für Geomantie.

Von Werner Hartung erschienen im Neue Erde Verlag die Bücher „Heilen mit den Kräften der Geistigen Welt“ (2. Auflage 2017) und gemeinsam mit Anne Stallkamp, „Rauhnächte – Zeit für mich“ (5. Auflage 2020). Bei Omega (Silberschnur) erschien 2017 der ebenfalls gemeinsam mit Anne Stallkamp verfasste Titel „Neue Geomantie – Heilung des Menschen und der Erde“, erschienen 2018 im Silberschnur Verlag, das zusammen mit seinem Sohn Stefan Hartung verfasste Buch „Problemkinder – Was ist schon normal? Alternativen aus ganzheitlicher Sicht“.

Weitere Informationen und Kontaktmöglichkeiten:

www.wernerhartung.de
www.neue-geomantie.de

Buchempfehlung

Botschaften aus einer Anderswelt
Informationen mit Tieren

Regina Klara Herwig

251 Seiten, kartoniert
ISBN: 9783906873435

Nach dem erfolgreichen Buch „Türen in eine Anderswelt“ präsentiert die Autorin nun im zweiten Band „Botschaften aus einer Anderswelt“ noch intensiver ihre Erfahrungen mit den liebevollen Kontakten zu Tieren auf der Seelenebene.

- anschaulich beschriebene Beispiele
- Extra-Kapitel „Gespräche mit Pferden“
- Suche nach vermissten Tieren

Unsere Haustiere sind mehr als nur Begleiter, sie haben oft eine präzise Botschaft – die Autorin zeigt, wie leicht die Botschaften zu empfangen sind.

Der Baum der Erkenntnis und der Baum des Lebens

Die zwei Wege des Transhumanismus

Johanna Arnold

254 Seiten, kartoniert

ISBN: 9783906873831

Die Menschheit steht am Scheideweg!
Durch technologischen Fortschrittswahn wurden Grenzen überschritten und Schöpfungsgesetze missachtet, mit der Folge von Verunreinigung in Wasser, Erde und Luft. Begleitend dazu: Organtransplantation, Genveränderung, Selektion, Macht und Manipulation. Dieser Weg gipfelt in der Entwicklung von Künstlicher Intelligenz, welche die menschliche Intelligenz um ein Vielfaches übersteigen wird und letztlich versuchen wird diese zu übernehmen. Die letzte Ära des Verstandes!

Beten hilft immer
egal was Du glaubst

Gertrud Hirschi

208 Seiten, 12x19cm, gebunden
ISBN: 9783907246283

In schweren Zeiten der Not, der Trauer, des Schmerzes, des Leidens, der Einsamkeit, Hilflosigkeit oder der nackten Angst hat wohl fast jeder das Bedürfnis, sich an ein höheres ETWAS zu wenden und um Hilfe zu bitten – und Beten hilft immer, so das Credo der Autorin. Sie weiß es aus eigener Erfahrung und aus ihrer langjährigen Arbeit mit ratsuchenden Menschen. Woran man glaubt oder ob man überhaupt glaubt, ist dabei nicht wichtig.
Für alle Lebenssituationen, seien es schwierige oder auch freudige, finden sich in diesem wunderschön gestalteten Büchlein passende Gebete. So kann es zum treuen Begleiter durch alle Lebensphasen werden und trösten, Mut machen, motivieren und – vor allem – inneren Frieden bringen.

Die Kraft lebendiger Räume
Das Kompendium vedischer Baukunst

Marcus Schmieke

380 S., m. v. Abb., Pläne, Skizzen, gebunden
ISBN: 9783944615400

Die Meisterausgabe zum Thema vom Pionier des „indischen Feng Shui“ im Westen. Es beschreibt genau, was vedische Baukunst ist und vermittelt detailliertes Wissen für die praktische Anwendung auch im professionellen Bereich. Insbesondere die ausführlichen Abschnitte über Proportionen und Masse, die Bestimmung des richtigen Zeitpunkts für Bauvorhaben und die Anwendung für Büros und Geschäftsräume gehörten bisher zum wohl gehüteten Geheimnis der Profis.

Orte der Kraft und Energie
in Deutschland

Adolphe Landspurg

268 Seiten, m. Abb, kartoniert
ISBN: 9783906873831

Die stärksten Kraftorte in Deutschland werden detailliert in Ihrer Wirkung, Intensität und Umgebung beschrieben. Dabei kommt auch der historische Kontext nicht zu kurz. Ein unverzichtbarer Führer zu den wichtigsten und auch teils bisher wenig bekannten Kraftorten.

Geomantie ist das Erkennen und Erspüren von guten Plätzen in Raum und Landschaft und damit die Grundlage für ein harmonisches und gesundes Wohnen und Leben. Die Aufgabe eines Geomanten besteht darin, baubiologisches Wissen mit der geomantischen Kunst zu vereinen, Räume zu gestalten, den guten Ort zu erkennen und zu erspüren und mit den Menschen in Einklang zu bringen. Damit hat sich die europäische Geomantie von dem ursprünglichen arabischen Wahrsagesystem entfernt und ähnelt eher dem chinesischen Feng Shui.

Liebeserklärung an die Erde

Eine weltumspannender Steinkreis für die Kraft des Wandels. Mit Meditation und praktischen Übungen

Marko Pogacnik

176 S. m. zahlr. Zeichnungen, gebunden
ISBN: 9783906873084

Marko Pogacnik hat die tiefenökologische und geomantische Bewegung der letzten beiden Jahrzehnte maßgebend beeinflusst. In seinem neuen Buch geht es um das Zusammenwirken des Menschen mit der Erde und mit dem Kosmos. Er beschreibt 23 ausgewählte Orte rund um den Globus in ihrer Bedeutung als Kraftorte für eine friedvolle Zivilisation: beginnend mit New York in Nordamerika über Europa, Asien,Ozeanien nach Rio de Janeiro in Südamerika. Jedem dieser Orte hat er zwei Themen zugeordnet, die für die Kommunikation mit der Erde und die konkrete Arbeit der Verwirklichung seiner großen Vision entscheidend sind. Das Herzstück des Buches bildenpraktische Übungen, die den Leser dazu anleiten,wie er selbst für die Verbesserung des Lebens auf diesem Planeten aktiv werden kann. Begleitende Zeichnungengeben zusätzliche Impulse auf der emotional-intuitiven Ebene.Ein leidenschaftliches Plädoyer für die Vereinigung aller Menschen und Völker und für einen aktiven Weg zu einem friedvollen und harmonischem Zusammenleben im Einklang mit der Erde und dem Kosmos.